Philip Dreher

# Morin und der Film als Spiegel

## Eine theoriegeschichtliche Verortung der Filmtheorie von Edgar Morin

# FILM- UND MEDIENWISSENSCHAFT

Herausgegeben von Irmbert Schenk und Hans Jürgen Wulff

ISSN 1866-3397

19 *Florian Plumeyer*
Sadismus und Ästhetisierung
Folter als kultureller und filmischer Exzess im Gegenwartskino
ISBN 978-3-8382-0188-7

20 *Jonas Wegerer*
Der nahe Fremde: Der amerikanische Western in den Kinos der Bundesrepublik Deutschland (1948-1960)
Eine rezeptionshistorische Analyse
ISBN 978-3-8382-0307-2

21 *Peter Podrez*
Der Sinn im Untergang
Filmische Apokalypsen als Krisentexte im atomaren und ökologischen Diskurs
ISBN 978-3-8382-0254-9

22 *Yvonne Augustin*
Episodisches Erzählen im Film
Alejandro González Iñárritus Filmtrilogie AMORES PERROS, 21 GRAMS und BABEL
ISBN 978-3-8382-0335-5

23 *Julia Steimle*
Fiktive Realität – reale Fiktion
Realitätsebenen und ihre Integration im Hollywood-Backstage-Musical, untersucht anhand von THE BROADWAY MELODY, GOLD DIGGERS OF 1933, THE BAND WAGON, ALL THAT JAZZ und MOULIN ROUGE!
ISBN 978-3-8382-0319-5

24 *Jana Heberlein*
Die *Neue Berliner Schule*
Zwischen Verflachung und Tiefe: Ein ästhetisches Spannungsfeld in den Filmen von Angela Schanelec
ISBN 978-3-8382-0407-9

25 *Karoline Stiefel*
Geistesblitze und Genialität – Bilder aus dem Gehirn des Detektivs
Die Visualisierung von Imagination in den TV-Serien SHERLOCK und HOUSE, M.D.
ISBN 978-3-8382-0522-9

26 *Stephanie Boniberger*
Musical in Serie
Von Buffy bis Grey's Anatomy: Über das reflexive Potential der special episodes amerikanischer TV-Serien
ISBN 978-3-8382-0492-5

27 *Phillip Dreher*
Morin und der Film als Spiegel
Eine theoriegeschichtliche Verortung der Filmtheorie von Edgar Morin
ISBN 978-3-8382-0486-4

Philip Dreher

# MORIN UND DER FILM ALS SPIEGEL

## Eine theoriegeschichtliche Verortung der Filmtheorie von Edgar Morin

*ibidem*-Verlag
Stuttgart

**Bibliografische Information der Deutschen Nationalbibliothek**
Die Deutsche Nationalbibliothek verzeichnet diese Publikation in der Deutschen Nationalbibliografie; detaillierte bibliografische Daten sind im Internet über http://dnb.d-nb.de abrufbar.

**Bibliographic information published by the Deutsche Nationalbibliothek**
Die Deutsche Nationalbibliothek lists this publication in the Deutsche Nationalbibliografie; detailed bibliographic data are available in the Internet at http://dnb.d-nb.de.

Coverabbildung: Philip Dreher, eigenes Bildmaterial und David Niblack, Imagebase.net.

∞

Gedruckt auf alterungsbeständigem, säurefreien Papier
Printed on acid-free paper

ISSN: 1866-3397

ISBN-13: 978-3-8382-0486-4



Printed in Germany

# Inhaltsverzeichnis

# Danksagung

Ich möchte folgenden Personen für die Unterstützung und Hilfe bei der Anfertigung dieser Untersuchung danken:

Kay Kirchmann für die zuvorkommende Betreuung, Christoph Ernst für die produktiven Diskussionen, beiden für die Hinführung zum Thema. Jens Ruchatz für die hilfreichen Anmerkungen. Anna Ursula Dreher, Dorothea Schmans, Susann Köhler und Vera Ferber für die zahlreichen Nachfragen, offenen Ohren und wertvollen Anregungen, sowie den moralischen Beistand. Soony Hossnia Baiaat für die Hilfe bei der Übersetzung des Vorwortes von Edgar Morin zur Neuauflage von *Le cinéma ou l'homme imaginaire* von 1977. Meinen Eltern für ihre uneingeschränkte Unterstützung und unermessliche Geduld.

Ganz besonders danke ich Lukas Wilde und Joachim Wutke für die beständige, immer konstruktive und hilfreiche Diskussions- und Kritikbereitschaft, sowie die unermüdliche Ausdauer beim Gegenlesen und der Korrektur.

# 1. Einleitung

*Kontexte von Edgar Morins Le cinéma ou l'homme imaginaire*

Edgar Morins filmtheoretische Monographie *Le cinéma ou l'homme imaginaire* erscheint 1956, zu einer Zeit, die sich auf verschiedene Weise als Übergangszeit beschreiben lässt. Filmgeschichtlich wird die Krise des klassischen (v.a. in Hollywood praktizierten) Filmstils in diesen Zeitraum verortet, die dessen Dominanz ab Anfang der 1960er Jahre endgültig aufhebt. Mit dem italienischen Neorealismus ab Ende des zweiten Weltkrieges beginnen sich moderne Filmbewegungen zu formieren, die ihre Blütezeit in den 1960er und 70er Jahren erleben und später zusammenfassend als „neue Wellen" bezeichnet werden (Nouvelle Vague, Neuer Deutscher Film, New Hollywood). Dieser Ablösung eines klassischen (vorwiegend US-amerikanischen) durch ein modernes (vorwiegend europäisches) Kino entsprechend, verortet auch Gilles Deleuze den Übergang seiner großen filmästhetischen Phasen, den Wechsel vom Bewegungsbild zum Zeitbild, 1948 in Italien, 1958 in Frankreich, und 1968 in Deutschland. (Elsaesser/Hagener: S. 13, 29, 93, 200; Deleuze: S. 282)

Aber auch in filmtheoriegeschichtlichen Beschreibungen wird in unterschiedlichen Perspektivierungen der Wechsel einer klassischen zu einer modernen Filmtheorie beschrieben, wobei die klassische Filmtheorie in den meisten Darstellungen entweder mit Siegfried Kracauers *Theorie des Films* von 1960, oder aber mit Jean Mitrys Versuch einer übergreifenden Synthese der klassischen filmtheoretischen Positionen in seinem *Esthéthique et psychologie du cinéma* von 1964 endet. Wo genau der Beginn einer modernen Filmtheorie zu verorten ist, scheint dabei weniger eindeutig zu sein, jedoch werden in diesem Zusammenhang insbesondere die zunächst semiologischen und später poststrukturalistisch-psychoanalytischen Arbeiten von Christian Metz und seinem Umfeld genannt. Die Entwicklung der Filmtheorie hin zu modernen Ansätzen wird jedoch übergreifend in Bezug gesetzt zu einer (zunehmenden) Institutionalisierung der Filmwissenschaft und der damit verbundenen Ausdifferenzierung filmtheoretischer Ansätze durch die Einbeziehung und Anwendung von Ansätzen aus anderen wissenschaftlichen Bereichen - womit auch zugleich eine Begründung für die Problematik der eindeutigen historiographischen Verortung geliefert wird. (Altman: S. 521ff.; Andrew, 1976: S. v-x, 185, 212f.; Andrew, 1984: S. viif., 3ff., 10ff.; Elsaesser/Hagener: S. 12, 25ff., 77; Felix: 9ff.; Schweinitz: S. 197)

Als erster Versuch, eine universitär institutionalisierte Filmwissenschaft einzurichten, gilt die Gründung des Instituts für Filmologie, sowie der damit assoziierten Zeitschrift *Revue internationale de filmologie* an der Sorbonne in Paris in der Zeit nach dem Zweiten Weltkrieg. Als maßgeblicher oder gar konstitutiver Ausgangspunkt für die Gründung wird dabei von verschiedenen Autoren der *Essai sur les principles d'une philosophie de cinéma* von Gilbert Cohen-Séat gesehen, der gleichermaßen als (Mit-)Begründer der Filmologie genannt wird. (Andrew, 1985: S. 628; Kirsten, 2010a: S. 4; ders., 2010b: S. 7f.; Paech: S. 39; Schweinitz: S. 197)

Morin veröffentlicht seine frühen filmsoziologischen Texte, deren Erkenntnisse er auch später in *Le cinéma ou l'homme imaginaire* einfließen lässt, nun in eben jener *Revue internationale de filmologie;* einen davon - „Sociologie du cinéma" (1952) - gemeinsam mit seinem Mentor Georges Friedmann, dessen Mitarbeiter am soziologischen Institut des Centre national de la recherche scientifique (C.N.R.S.) Morin ab 1950 ist (Kirsten, 2010a: S. 5; Morin, 2007: S. VII). Friedmann hatte ihn nach eigenem Bekunden zum Kino als Untersuchungsgegenstand gebracht, als ein Forschungsthema, bei dem er - gemessen an dem von ihm präferierten Thema des Kommunismus - nicht riskiere, zwischen die Fronten von „bourgeoisem" und stalinistischem akademischen Lager zu kommen, und dennoch seine reflexive sozio-anthropologische Forschung fortführen könne (Morin, 2007: S. VIIf.): „Sicherlich war ich von der bereits komplexen und rekursiven Idee inspiriert, die Gesellschaft mit Hilfe des Kinos zu verstehen, indem man das Kino mit Hilfe der Gesellschaft versteht."[1] (ebd.: S. VIII)

Seit seinem Erscheinen wurde Morins filmtheoretisches Werk vergleichsweise sporadisch rezipiert - Morin beklagt dies selbst im Vorwort zur Neu-

[1] Die Übersetzungen aus dem nicht auf Deutsch veröffentlichten Vorwort von 1977 entstanden unter Mithilfe von Soony Hossnia Baiaat.

auflage von 1977 und führt es vornehmlich auf sein methodisches Prinzip in Verbindung mit dem Untersuchungsgegenstand zurück, das auch eine disziplinäre Einordnung erschwert, wenn nicht unmöglich zu machen scheint (ebd.: S. VII, X):

> Dieses Buch ist ein Meteorit. Es handelt vom Kino, aber weder von der Kunst, noch von der kinematographischen Industrie. Es definiert sich als Essai der Anthropologie, aber es taucht nicht aus dem Raum auf, der als anthropologische Wissenschaft anerkannt ist. Es hat keine „Spur eröffnet", keinen „Weg geebnet". In seinem Grundprinzip spricht dieses Buch keine besondere Leserschaft an, und es hat seine wenigen Leser nur durch Missverständnisse. Ich hoffe, dass es diesem neuen Vorwort nicht gelingen wird, alle Missverständnisse auszuräumen.
>
> Auf den ersten Blick würde ich dieses Buch selbst, gemeinsam mit seinem Satelliten *Les stars*, das im Anschluss (1957) geschrieben wurde, als marginal betrachten, sozusagen außerhalb der Gravitationslinien, welche mich seit *Deutschland im Jahre Null* (1946) und *L'homme et la mort* fünfundzwanzig Jahre lang zwischen der Forschung in der bewegenden Gegenwart und der Reflexion über die Anthropo-Soziologie oszillieren lassen sollten. (ebd.: S. VII)

Dennoch wird Morins Monographie in den filmtheoretischen und filmtheoriegeschichtlichen Kontexten, in denen sie aufgegriffen und diskutiert wird, durchweg positiv und als zentral relevant für die Geschichte der Filmtheorie bewertet. Karl Sierek fasst diese etwas paradoxe Situation in der Seminarankündigung zu einem Lektürekurs der Medienwissenschaft in Jena zu *Le cinéma ou l'homme imaginaire* im Sommersemester 2008 wie folgt zusammen: „Die filmtheoretische Arbeit des Soziologen Edgar Morin ist – nicht nur im deutschsprachigen Raum – eines der heute wohl am wenigsten gelesenen Hauptwerke über das Kino im 20. Jahrhundert." (Sierek: „Edgar Morins ‚L'homme imaginaire'") Zudem weist Sirek auch darauf hin, dass die erste und einzige deutsche Übersetzung von 1958 seit Jahren vergriffen, und nur noch antiquarisch zu beziehen ist (ebd.).[2] Dieser universitäre Lektürekurs

2 Darüber hinaus genügt die Übersetzung leider sowohl formal wie inhaltlich nicht wissenschaftlichen Ansprüchen; neben problematischen Übersetzungen wurden etwa die meisten Quellenangaben in Fußnoten des Originaltextes entfernt, oder die zwanzigseitige Bibliographie Morins auf drei Seiten gekürzt, mit den „Bibliographischen Hinweisen": „Wir bringen anschließend eine Auswahl der wichtigsten Publikationen, die der Verfasser anführt, ergänzt durch einige Titel aus der deutschsprachigen Filmliteratur. Dem wissenschaftlich interessierten und der Fremdsprachen mächtigen Leser, der gewillt und befähigt ist, den vielfältig verästelten Quellenhinweisen des Textes bis zu ent-

kann nun aber selbst als Anzeichen für ein in den letzten Jahren gestiegenes Interesse innerhalb der deutschsprachigen Filmwissenschaft an den filmologischen Ansätzen und insbesondere auch an Morins filmtheoretischer Arbeit gesehen werden (vgl. Schweinitz, 2002: S. 197–223; Paech, 2004). So veröffentlichte die Zeitschrift *montage AV* im Februar 2010 unter dem Titelthema *Filmologie/Soziologie* vier zum ersten Mal auf Deutsch übersetzte kinosoziologische Artikel Morins als „wichtigster soziologischer Autor der Filmologie" (Kirsten, 2010a: S. 5).[3]

Neben dem punktuell auftretenden gemeinsamen Interesse an Morins Arbeit und dem jeweils betonten Mangel an theoriegeschichtlichen Studien zu den filmologischen Arbeiten insgesamt – als frühere umfassendere theoriegeschichtliche Beschäftigungen mit Morin und der Filmologie werden lediglich Dudley Andrews „The Neglected Tradition of Phenomenology in Film Theory" von 1978 sowie Edward Lowrys *The Filmology Movement and Film Study* in France von 1982 hervorgehoben (Paech: S. 32; Schweinitz: S. 197) –, scheint es jedoch bei den jeweiligen Autoren keine Einigkeit über die inhaltlich relevanten Aspekte von Morins Monographie zu geben. Wie eklatant gegensätzlich die Interpretationen von Morins Essai dabei ausfallen, zeigt insbesondere die Gegenüberstellung von Dudley Andrews Betrachtung von 1978 mit der von Jörg Schweinitz von 2002.

In seinem Buch *Film und Stereotyp* betont Jörg Schweinitz unter dem Kapiteltitel „Das Stereotyp als intelligible Form: Cohen-Séat, Morin und die Semiologie", das filmische Stereotype für diese beiden filmologischen Autoren „Quelle besonderer Ausdrucksmöglichkeiten", und mehr noch „... Voraussetzung für eine besondere, nun gesuchte *Intelligibilität* des Mediums" seien

legenen Zeitschriftenaufsätzen nachzugehen, sei die umfangreiche, nach Sachgebieten gegliederte Bibliographie der französischen Originalausgabe empfohlen." (Morin, 1958: S. 245) – Dieser editorische Umgang ist allerdings ein starkes Indiz dafür, dass es zur Zeit der Veröffentlichung in Deutschland noch so gut wie kein spezifisch filmwissenschaftlich interessiertes Publikum gab – weniger noch als in Frankreich –, das der Verlag hätte adressieren können, und die deutsche Publikation vielmehr an eine allgemeine, cinéphile Leserschaft gerichtet war.

3 Darunter den bereits genannten Aufsatz „Sociologie du cinéma" (als „Soziologie des Kinos") in Ko-Autorschaft mit Georges Friedmann.

(S. 197). Und: „Das Durchbrechen der Unmittelbarkeit, ja ein sprachähnlicher Umgang mit den Bildern faszinierte nun." (ebd.: S. 198) So betont er ausdrücklich die Kontinuität der Filmologie zur Semiologie der 1960er Jahre mit Christian Metz als deren Hauptvertreter, welche er auch durch dessen Würdigung der Filmologen bestätigt sieht (ebd.: S. 215): „Der neu angedeutete Zugang zur Metapher *Sprache des Films* gehört auch zur Vorgeschichte der Semiologie." (ebd.)[4]

Dudley Andrew hingegen beschreibt 1978 in seinem Aufsatz „The Neglected Tradition of Phenomenology in Film Theory" Morins Buch und dessen filmologischen Kontext als vornehmlich phänomenologisch beeinflusst und im klaren Gegensatz zu den späteren strukturalistischen/semiotischen Ansätzen stehend (Andrew, 1985: S. 626ff.). So sieht er im Rückbezug auf die filmologischen Theorieansätze eine Möglichkeit, Wahrnehmungsprozesse und Prozesse der Bedeutungserzeugung zu thematisieren, die durch den Strukturalismus vernachlässigt worden seien - dessen mithin ubiquitäre Ausbreitung in der US-amerikanischen Filmwissenschaft der 1960er und 70er Jahre, und damit einhergehend die Verbreitung der Metapher der „Sprache des Films", sich auch in Andrews Bezeichnung des Films als „visual text" zeigt (ebd., vgl. Altman: 518f.):

> What is called for instead, and what I think we are beginning to receive from various camps, is a study of the zone of pre-formulation in which the psyche confronts a visual text intended for it, and the zone of post-formulation in which the psyche must come to terms with a surplus value unaccounted for by recourse to a science of signification. ...
>
> „Filmologie" from the first was marked with the phenomenological brand for it sought to describe cinema as a phenomenon among other phenomena, but one exerting a very special pressure on individuals and society. ... Cohen-Séat's book led a whole generation to review and reimagine the full cinematic complex in a fresh way and it immediately fathered several other investigations, the most well known of which is Edgar Morin's *Le Cinéma ou l'homme imaginaire*. (Andrew, 1985: S. 628)

Andere theoriegeschichtliche Darstellungen ordnen nicht nur die dezidiert soziologischen Artikel Morins, sondern auch das als „anthropologisches Es-

---

4 Hervorhebungen im Original.

sai" untertitelte *Le cinéma ou l'homme imaginaire* einer rein soziologischen Betrachtungsweise des Kinos zu; oder aber beschreiben Morins sozioanthropologische Untersuchung mit auflistenden Verweisen auf die soziologischen, anthropologischen, mythentheoretischen und phänomenologischen Aspekte, ohne dass daraus ein Gesamtkonzept der Theorie, oder auch beispielsweise die Grundlage für Schweinitz' Interpretation von Morins Nähe zur Semiologie ersichtlich wird (Casetti: S. 114ff.; Lowry: S. 106–123).

In dieser Gegenüberstellung scheinen derart auf methodisch-disziplinäre Aspekte fokussierte Ansätze der theoriegeschichtlichen Betrachtung damit letztlich ungeeignet zu sein, um Morins verzweigte und methodisch bezugsreiche Ausführungen miteinander zu integrieren um sie theoriegeschichtlich zu verorten – *Le cinéma ou l'homme imaginaire* erscheint so vielmehr als ein beliebig einzuordnendes, methodisches ‚Collagenwerk'. Und auch der Verweis auf die institutionelle Herkunft von Morins Theorie im Rahmen der Filmologie scheint letztlich keine weiterführenden Anhaltspunkte für eine schlüssige Einordnung mit sich zu bringen. Von keinem der Kommentatoren wird darüber hinaus ein durchaus zentraler methodischer Bezugspunkt Morins erwähnt: die Psychoanalyse.

Dieser letzte Aspekt von Morins Theorie wird wiederum von Elsaesser und Hagener in ihrem einzigen Absatz zu Morin in ihrer *Filmtheorie zur Einführung* von 2007 angedeutet:

> In seiner klassischen Studie *Le Cinéma. L'Homme imaginaire* weist [Morin, PD] darauf hin, dass die fiktiven Figuren auf der Leinwand als „Doppelgänger" des Zuschauers im Saal fungieren, was sie einerseits zu Projektionsflächen macht, durch die man in den Film einsteigen kann, was ihnen aber andererseits den Schein des Unheimlichen verleiht, als wären sie eine Verkörperung des allzu Vertrauten und gleichzeitig allzu Gefürchteten in uns selbst und somit die Wiederkehr des Verdrängten. (S. 52)

Auch wenn dies zunächst nur wenig mehr zum Verständnis von Morins allgemeinem Theoriekonzept beiträgt, stellt Elsaesser und Hageners historiographischer Ansatz doch eine aussichtsreichere Möglichkeit für die Betrachtung von Morins *Le cinéma ou l'homme imaginaire* dar, als die rein methodisch-disziplinären Perspektivierungen.

*Die historiographische Darstellung anhand konzeptueller Metaphern*

Ihren historisch-systematischen Überblick - die aktuellste deutschsprachige Filmtheoriegeschichte - organisieren Thomas Elsaesser und Malte Hagener anhand von sieben übergeordneten Metaphern, Konzepten und Begriffsfeldern. Diesen Ansatz zur Systematisierung von Filmtheorien grenzen Elsaesser und Hagener von insbesondere Klassifizierungen nach sprachräumlicher oder institutioneller Herkunft der Theorien, nach deren Methodik, oder aber von rein chronologischen Anordnungen ab. (S. 10–15)

Die sieben übergeordneten Konzepte, mit der sie die Filmtheoriegeschichte betrachten, ermitteln sie anhand der Leitfrage: „Wie verhält sich der Film zum (Zuschauer-)Körper?" (ebd.: S. 13). Keine filmtheoretische Position könne sich letztlich der Beantwortung dieser Frage entziehen (ebd.).[5] Anders formuliert liegt ihr Fokus somit auf der jeweiligen Semantisierung der Zuschauer[6]-Film-Relation innerhalb der Filmtheorien. Entsprechend der sich für Elsaesser und Hagener daraus ergebenden konzeptuellen Begriffsfelder ist ihre Einführung in sieben Kapitel unterteilt: 1. Fenster und Rahmen, 2. Tür und Leinwand, 3. Spiegel und Gesicht, 4. Auge und Blick, 5. Haut und Kontakt, 6. Ohr und Ton, 7. Geist und Gehirn (S. 7f.). Diese Anordnung sei zwar grob chronologisch, die Konzepte würden aber „... weder eine Verbesserung des jeweilig vorgängigen darstellen, noch unverbunden aufeinander folgen" (ebd.: S. 15, 20).

Ihre kurze, zuvor zitierte Anführung zu Morin findet sich so, gemäß ihrer Zusammenfassung eines „Einsteigens" des Zuschauers in den Film, in ihrem

5 Elsaesser und Hagener betrachten dabei nicht nur explizierte Formulierungen innerhalb der Theorien, sondern auch implizite, im Theoriedesign angelegte Konzeptionierungen (ebd.: S. 13). Vorteile und mögliche Probleme dieser impliziten Metaphern-Analyse werden in Kapitel 2.1.3 diskutiert. Aufgrund des deutlich enger gefassten Fokus wird hier ausschließlich von expliziten Formulierungen innerhalb der theoretischen Ansätze ausgegangen.

6 Aus Gründen der besseren Lesbarkeit wurde im Text für generische Bezeichnungen allgemein die männliche Form gewählt. Die Angaben beziehen sich jedoch immer auf Angehörige aller Geschlechter.

zweiten Kapitel „Tür und Leinwand". Zu Beginn ihres dritten Kapitels jedoch, in dem sie sich mit der Bezeichnung der Leinwand oder des Kinos als Spiegel auseinandersetzen, zitieren Elsaesser und Hagener eine Passage aus Dudley Andrews *Concepts in Film Theory* von 1984, in der dieser die Relevanz der Spiegelmetapher für den Wechsel von einer klassischen zu einer modernen Filmtheorie beschreibt (ebd.: S. 77). Andrew bezieht sich seinerseits auf Charles F. Altman als dem Urheber dieser theoriehistoriographischen Darstellung (Andrew, 1984: S. 134). In seiner Analyse französischer, psychoanalytisch-semiologischer Theorieentwürfe aus der ersten Hälfte der 1970er Jahre, insbesondere von Christian Metz' *Le signifiant imaginaire,* schildert Altman 1977 einen Wechsel im Verständnis der Leinwand von den Metaphern des Fensters und des Rahmens in klassischen Theorien hin zur Metapher des Spiegels in einer modernen Filmtheorie (Altman: S. 521ff.). Auf der ersten Seite seines Textes, der zuerst 1975 veröffentlicht wurde, verweist Metz wiederum - bei der Frage nach der Bedeutung des Imaginären im Kino - auf Edgar Morins *Le cinéma ou l'homme imaginaire* (Metz, 2000: S. 13).

Auch wenn weder die Autoren der Theoriegeschichten, noch Metz darauf hinweisen, lässt sich in Morins Essai die Metaphorik des Spiegels als besonders prominent ausmachen. So beginnt Morin das letze, seine Untersuchung zusammenfassende Kapitel mit den Worten: „Die Welt spiegelte sich im Spiegel des Kinematographen. Das Kino bietet uns das Spiegelbild nicht mehr nur der äußeren Welt, sondern auch des menschlichen Geistes." (Morin, 1958: S. 225) - Von der Beschreibung des Filmbildes als Spiegelreflex, über das Gesicht in Großaufnahme als Spiegel der es umgebenden Welt, bis hin zur Bezeichnung des Kinos insgesamt als Spiegel des menschlichen Geistes verdichtet Morin seine Untersuchungsschritte immer wieder in dieser Metapher.

*Fragestellung und Vorgehen*

Damit ergibt sich die folgende Fragestellung: Wie lässt sich Morins Filmtheorie anhand seiner Verwendung der Metapher des Spiegels konzeptuell erfassen und theoriegeschichtlich positionieren?

Zur Beantwortung dieser Frage sollen zuerst die filmtheoriegeschichtlichen und filmtheoretischen Aspekte der Spiegelmetapher geklärt werden, um Morins Theorie vor diesem Hintergrund daran anschließend zu untersuchen.

Dazu wird in Kapitel 2.1 zunächst der theoriehistoriographische Kontext erläutert, in dem die Betrachtung von Filmtheorien anhand konzeptueller Schlüsselmetaphern entsteht (Kap. 2.1.1 und 2.1.2), mittels derer dann der Wechsel von klassischen zu modernen Theorien durch den Wechsel zur Spiegelmetapher beschrieben wird (Kap. 2.1.3). Durch die Gegenüberstellung der uneinheitlichen historiographischen Interpretationen der Spiegelmetapher bei Metz (Kap. 2.1.4) ergibt sich die Notwendigkeit, die Verwendung der Metaphorik durch Metz nochmals, im Sinne der hier vorgenommenen Untersuchung, nachzuzeichnen.

Durch die Einbeziehung der Verwendung der Spiegelmetapher schon durch André Bazin, dessen Theorie Metz wiederum maßgeblich kritisiert, soll in Kapitel 2.2 zum einen gezeigt werden, dass sich der Wechsel von Bazins zu Metz' Theorie vielmehr als *Umdeutung* (Kap. 2.2.1) und *Ausweitung* (2.2.2) denn als *Neueinführung* dieser Metaphorik beschreiben lässt; zum anderen sollen dabei die verschiedenen Ebenen der Metaphorik in Metz' Theorieansatz erläutert werden.

In Kapitel 3 wird daran anschließend Morins *Le cinéma ou l'homme imaginaire* anhand der Verwendung der Metapher des Spiegels betrachtet. In Kapitel 3.1 wird zunächst Morins übergeordnete Bezeichnung des Kinos insgesamt als ein Spiegel des menschlichen Geistes zur Zusammenfassung seines evolutionären Theoriemodells der „genetischen Anthropologie" vorgestellt, und in Kapitel 3.2 der für dieses Modell zentrale Prozess der „Partizipation". In den Kapiteln 3.3–3.5 werden dann die einzelnen „Evolutionsstufen" von Geist und Kino dargestellt, innerhalb derer Morin die Spiegelmetapher auch auf untergeordneten Ebenen verwendet.

Im abschließenden 4. Kapitel werden die Ergebnisse der Untersuchung von Morins Filmtheorie zusammengefasst, um sie mit den Theorien von Bazin und Metz vergleichen, und so eine historische und konzeptuelle Einordnung vornehmen zu können.

# 2. Die Spiegelmetapher als filmtheoretisches und filmtheoriegeschichtliches Konzept

Im folgenden Kapitel 2.1 wird zunächst mit einem Abriss theoriegeschichtlicher Darstellungen der klassischen Filmtheorie der theoriehistorische und -historiographische Hintergrund angedeutet, vor dem die Spiegelmetapher als filmtheoretisches Konzept identifiziert wurde. Dazu werden zunächst die Kategorien von Formalismus und Realismus in ihrer Beschreibung durch Dudley Andrew zusammengefasst (Kap. 2.1.1), und im Anschluss ihre Konzeptionierung mit den Metaphern des Fensters und des Rahmens durch Charles F. Altman dargestellt (Kap. 2.1.2). Daraufhin wird gezeigt, wie mit dem Wechsel zur Metapher des Spiegels ein Wechsel von klassischer zu moderner Filmtheorie beschrieben wird, als auch mögliche Probleme dieser historiographischen Betrachtungsweise diskutiert (Kap. 2.1.3). In Kapitel 2.1.4 schließlich wird sich in der Gegenüberstellung der verschiedenen historiographischen Interpretationen der Spiegelmetapher herausstellen, dass diese bei Christian Metz verschiedene Bedeutungsebenen umfasst, die für das eigene Vorhaben genauer nachgezeichnet werden müssen. Zudem zeigt sich mit dem Verweis auf frühere Verwendungen der Spiegelmetapher in der Filmtheorie, dass für die Beschreibung des Wechsels von klassischen zu modernen theoretischen Ansätzen vielmehr die Verwendungsweise dieser spezifischen Metapher relevant ist.

In den anschließenden Betrachtungen in Kapitel 2.2 werden die oppositionellen Konzeptionen des Films als ein Spiegel der Welt von André Bazin und Metz (Kap. 2.2.1) und die Konzeption des Kinos als ein Spiegel des Begehrens von Metz (Kap. 2.2.2) dargestellt. Die Ergebnisse dieser Betrachtung werden schließlich in Kapitel 2.2.3 noch einmal zusammengefasst.

## 2.1 Die Spiegelmetapher als Überwindung der Opposition von Formalismus und Realismus

### 2.1.1 Die Dichotomie von Formalismus und Realismus

Das historisch erste bedeutsame Begriffspaar für eine übergreifende filmtheoretische Klassifikation, das auch Elsaesser und Hagener in ihrer Einführung aufgreifen, ist die Einteilung in formalistische und realistische Filmtheorien. Diese Unterscheidung, die schon besonders von Siegfried Kracauer in seiner *Theorie des Films. Die Errettung der äußeren Wirklichkeit*[7] (1960) stark gemacht wurde, und die lange als *die* Grunddifferenz der Filmtheorie angesehen worden sei, stelle traditionell etwa Béla Balász, Rudolf Arnheim oder Sergej Eisenstein als formalistische oder konstruktivistische Theoretiker den realistischen Autoren (vor allem) André Bazin und Kracauer selbst gegenüber. Während die einen den künstlichen/künstlerischen, konstrukthaften Charakter des Films betonten, entgegneten die anderen dem mit der speziellen Fähigkeit des Films, reale Ereignisse aufzuzeichnen und wiederzugeben, und so auch eine scheinbar direkte „Zeugenschaft" zu ermöglichen. (Elsaesser/Hagener: S. 10, 25ff.) Auch wenn Elsaesser und Hagener die US-amerikanischen Neoformalisten in diese Klassifikation einbeziehen, wird durch die genannten Autoren dennoch ersichtlich, dass die Einteilung vor allem mit Filmtheorien der ersten Hälfte des 20. Jahrhunderts verbunden ist - in dieser Perspektivierung wird Kracauers Buch entsprechend als einer der letzten bedeutsamen Beiträge einer frühen und klassischen Periode der Filmtheorie verstanden (vgl. Schweinitz: S. 197; Andrew, 1976: S. 106).

In seiner Überblicksdarstellung *The Major Film Theories* von 1976 - auf die Elsaesser und Hagener in diesem Zusammenhang neben Kracauers *Theorie des Films* verweisen - greift Dudley Andrew die „klassische Unterscheidung" zwischen formalistischer[8] und realistischer Theorie auf. Sie stehe als filmthe-

---

[7] Der Titel der englischen Originalausgabe lautet: *Theory of Film. The Redemption of Physical Reality.*

[8] Die weitere Unterscheidung zwischen „formative film theory" und „Russian Formalism" die Andrew trifft, wird hier nicht aufgegriffen, da sie von den anderen hier zitierten Autoren nicht weiter diskutiert wird, und zudem die jeweiligen Konzepte auch nach Andrew selbst größtenteils konsistent sind (1976: S. 79) - die Begriffe „forma-

oretischer Gemeinplatz auch in Beziehung zu dem Klischee, dass das Kino seine Wurzeln entweder bei Méliès oder den Lumières habe. (ebd.: S. vi) Die Benennung und Anordnung der drei übergeordneten Teile seiner Monographie, „The Formative Tradition", „Realist Film Theory" und „Contemporary French Film Theory", enthalten jedoch schon Hinweise auf die historische Entwicklung, wie auch - in der Benennung des dritten Teils - auf die historiographische Limitierungen dieser Kategorisierung (ebd.: S. ix–x).

Die Entwicklung der frühen und klassischen Filmtheorie lässt sich nach Andrew damit etwa folgendermaßen zusammenfassen: Bis zur Mitte der dreißiger Jahre kamen ernstzunehmende Filmtheorien fast ausschließlich aus dem formalistischen Lager - die er entsprechend als die erste theoretische *Tradition* bezeichnet.[9] Dies sei vor allem dem Umstand geschuldet, dass die frühen Theoretiker zumeist gegen die einseitige Verwendung des Films zur Aufnahme und Wiedergabe realer Ereignisse (durch z.B. Lumière) oder zur Aufzeichnung von Theateraufführungen argumentierten, und versucht hätten, den Film über die dokumentarische Aufnahme, bzw. Theateraufnahmen hinaus als eigenständige Kunstform zu etablieren. Durch den Vergleich mit praktisch jeder anderen Kunstform hätten die Autoren aus unterschiedlichen Richtungen die strukturierenden und rhythmisierenden, also formgebenden Qualitäten des Films unterstrichen. (ebd.: S. vi, 11ff.) Rudolf Arnheim, als einer der Hauptvertreter dieser Strömung, habe in seinem Buch *Film als Kunst* (1931) zudem - auf der Grundlage seines gestaltpsychologischen Hintergrunds - den Fokus auf das Material des Mediums und die vielfältigen Abweichungen des filmischen Bildes von der tatsächlichen *Erfahrung* der Reali-

tiv/formgebend", „formalistisch", „formästhetisch" und „konstruktivistisch" werden v.a. in den späteren Darstellungen weitgehend synonym verwendet (vgl. Elsaesser/Hagener: S. 10, 26; Diederichs: S. 11).

9 Diese Sichtweise Andrews auf die Entwicklung der frühen Filmtheorie greift etwa auch Helmut H. Diederichs - jedoch weitaus generalisierter - in seinem Text „Zur Entwicklung der formästhetischen Theorie des Films" von 2004 auf (S. 11f.), der als Einleitung der von ihm herausgegebenen Geschichte der Filmtheorie. Kunsttheoretische Texte von Méliès bis Arnheim dient, und dessen These auch die Auswahl der theoretischen Originaltexte leitet. Entsprechend enthält diese Anthologie - obwohl bis 1963 reichend - keinen Text der realistischen Richtung. Kracauer wird mit seiner Monographie nur am Rande als Antipode Arnheims erwähnt (S. 26), Bazin überhaupt nicht.

tät gelegt, und damit die Irrealität der filmischen Erfahrung betont. Diese medialen Limitierungen wiederum, welche das Filmmaterial erst formbar machten, stellten für Arnheim die Grundlage der filmischen Kunst und des künstlerischen Ausdrucks dar. (ebd.: S. 27–30)

Erst ab Mitte der dreißiger Jahre - als der Film bereits allgemein als eigenständige Kunstform anerkannt war - seien bedeutsame Gegenentwürfe entstanden. Wenn auch schon früher besonders Dokumentarfilmer die photographischen Eigenschaften des Films betont hätten (so etwa auch Dziga Vertov), habe erst André Bazin einflussreiche Entwürfe einer realistischen Filmtheorie als Antwort auf die formalistische Tradition verfasst. Bazin habe in seinen zahlreichen und vielgestaltigen Essais unermüdlich die Abhängigkeit des Kinos von der Realität betont - diese verstanden im Sinne der physikalischen, räumlich-visuellen Realität, die in einem automatisierten, mechanisch-chemischen Prozess von der Filmkamera aufgezeichnet werde. Die Gegenstände hinterließen eine „Spur", gewissermaßen wie einen Fingerabdruck im Filmmaterial, wodurch die Photographie, wie auch der Film, ontologisch verschieden von den traditionellen Arten der Reproduktion seien. Im Anschluss an einen derart grundsätzlich physikalisch verankerten Realismus habe Bazin darüber hinaus, mit Bezug auf die Zuschauererfahrung, die These eines psychologischen Realismus entwickelt: In diesem Sinn sei das „realistische Empfinden" im Kino nicht allein abhängig von einer besonderen Detailtreue der Reproduktion, sondern zudem von dem Glauben des Zuschauers an den Ursprung der Reproduktion in einem nichtmenschlichen Aufnahmeprozess, wodurch auch die vorgängige Existenz des reproduzierten Objekts akzeptiert werden müsse. (ebd.: S. 13, 103ff., 134–140)

Während Bazin demnach die Abhängigkeit des filmische Bildes von einer vorfilmischen Realität hervorhob und es als eine besondere Art der Annäherung - als „Asymptote der Realität" - verstand, wandte sich Arnheim gegen die damit verbundene Vorstellung eines „perfekten Illusionismus", indem er die (phänomenale) Differenz des „Filmbildes" zum „Weltbild"[10] unterstrich. Während Bazin umgekehrt die Differenz des Films zu den traditionellen

[10] So im Titel des zweiten Teils von Arnheims *Film als Kunst*.

Künsten betonte, rückten für Arnheim die technischen Beschränkungen des filmischen Materials – wenn entsprechend bewusst formgebend eingesetzt – den Film in die Nähe der anderen Künste. (ebd.: S. 29ff., 140)[11]

Wie hier beispielhaft anhand von Arnheims und Bazins Positionen angedeutet, lassen sich Andrew zufolge die jeweiligen Filmtheorien bis etwa Anfang der 1960er Jahre noch grundsätzlich in der binären Kategorisierung von Formalismus und Realismus einordnen. Die theoretische Entwicklung ist jedoch (spätestens) zum Zeitpunkt der Veröffentlichung von *The Major Film Theories* Mitte der siebziger Jahre nicht mehr nur mit der erkenntnistheoretisch basierten Grunddifferenz realistisch/formalistisch zu fassen. Andrew beschreibt dies folgendermaßen:

> For the most part contemporary theory has tried to bypass the formative/realist debate either by incorporating both camps in a dialectic, as Jean Mitry has done, or by lifting the discussion to a level of abstraction where that distinction is no longer quite so pertinent (as both phenomenologists and semiologists have done to some extent). Because of the wealth of current theory and its rather confused state I have restricted myself to works done in France, where, despite the diversity of approaches, there is a sense of debate and of common concerns. (ebd.: S. vii)

In diesem „verworrenen Zustand" der Theorie, sowie in ihren Bemühungen, den klassischen Diskurs zu überwinden oder zu umgehen, erscheint demnach auch eine Weiterführung der Ordnungskategorien von Formalismus (Konstruktivismus) und Realismus als unzulänglich.

### 2.1.2 Die Metaphern des Fensters und des Rahmens

Ein Jahr nach Andrews Darstellung veröffentlicht Charles F. Altman seinen Aufsatz „Psychoanalysis and Cinema: The Imaginary Discourse" (1977), in

[11] Andrew bezieht sich bei dieser Diskussion vor allem auf die Aufsätze Bazins, die auf Deutsch als „Ontologie des fotografischen Bildes" (Orig. 1945; insbes. Bazin, 1975: S. 24) und „Theater und Kino II" (Orig. 1951; insbes. Bazin, 1975: S. 86, 100) erschienen sind (Andrew, 1976: S. 137–140). Aus Arnheims *Film als Kunst* fasst er an den angegebenen Stellen vor allem den Teil „II · Weltbild und Filmbild" zusammen, auch indem er die Titel der dortigen Unterkapitel anführt (Arnheim: S. 21–47, Andrew, 1976: S. 28).

dem er anstelle der historiographischen Analyse und Einordnung von Filmtheorien nach epistemologischen Kategorien die Analyse der konzeptuellen Metaphern vorschlägt, die häufig in Filmtheorien zu finden seien: „... film theoreticians have often resorted to metaphors which explain indirectly the nature and function of the screen" (Altman: S. 521).

Er schließt dabei an die Ausführung Bazins in dessen Text „Theater und Kino II" an, dass die Leinwand nicht wie ein Bilderrahmen, sondern einem Fenster vergleichbar funktioniere: Der Bildrand maskiere für Bazin die freie Sicht auf einen jenseits davon liegenden Raum und darin stattfindende Handlungen, dessen Existenz vom Zuschauer aber letztlich nicht angezweifelt werde. Das Filmbild stelle somit eine nach außen weisende, zentrifugale Konfiguration dar. Diese Vorstellung wiederum liege Bazins gesamter realistischer Theorie zugrunde. Jean Mitry habe dem entgegengehalten, dass dies nur eine Hälfte der Dialektik der Leinwand beschreibe: Die Begrenzung der Leinwand strukturiere gleichermaßen den internen Bildraum und leite das Zuschauerinteresse auf das Innere des Bildrahmens, die Funktion der Bildbegrenzung sei dementsprechend zugleich zentripetal - wie schon Andrew verweist Altman hier also auf Mitrys Versuch, die Formalismus-Realismus-Opposition dialektisch zusammenzubringen (ebd.), betont allerdings dessen Metaphernverwendung.

Als Fenster betrachtet, so Altman weiter, nehme das Filmbild - ähnlich der (zentral-)perspektivischen Malerei (der Renaissance) - eine räumliche Tiefe an, als Rahmen hingegen würde die flächige, graphische Bildebene gegenüber der Objektebene betont, wie es auch etwa im Kubismus der Fall sei. (ebd.) So an Bazin und Mitry anknüpfend schreibt Altman: „The entire history of film criticism and theory, often seen as a dialectic between formalist and realist positions, might just as well be seen as a dialectic between these two metaphors for the screen ... ." (ebd.)

Hier lassen sich nun zwei Aspekte dieser historiographischen Betrachtungsweise ausmachen, die in der folgenden Darstellung einerseits von zentraler Bedeutung sind, andererseits aber auch kritisch betrachtet werdet müssen:

Zunächst greift Altman lediglich zwei der zahlreichen metaphorischen Beschreibungen aus Bazins Aufsätzen auf (vgl. etwa Bazin, 1975: S. 27, 87, 94f.); Bazins Betonung der zentrifugalen, räumlich-perspektivischen Beschaffenheit des Filmbildes durch den Vergleich zum Fenster steht damit *paradigmatisch* für dessen gesamten Theorieansatz und stellt somit eine *Leit-* oder *Schlüsselmetapher* dar. In einem zweiten Schritt weitet Altman die so identifizierte Schlüsselmetapher dann aber, in Verbindung mit der komplementären Betonung der zentripetalen, graphisch-flächigen Beschaffenheit des Filmbildes mit dem Vergleich zum Bilderrahmen - unter Anführung von Mitrys Darstellung -, auf die gesamte bisherige Filmtheoriegeschichte aus, indem er sie mit der bereits bestehenden Einteilung in realistische und formalistische Positionen analogisiert.

So werden diese Metaphern von Altman nicht nur als repräsentativ für die jeweilige Filmtheorie angesehen, in der sie selbst Verwendung finden, sondern darüber hinaus soweit abstrahiert, dass sie auf einer übergeordneten Ebene für ganze - bereits als solche historisierte - Theorietraditionen stehen können. Die konzeptuellen Metaphern sind damit nicht mehr nur Hilfsmittel innerhalb der jeweiligen Theorien, mit denen *Filmtheoretiker* indirekt die Beschaffenheit und Funktion der Leinwand erklären, ihre Erkenntnisse also mit den Metaphern verdichten, veranschaulichen und stabilisieren; sie werden vielmehr hermeneutisches Hilfsmittel der *Filmtheoriehistoriographie*, mit denen auch *implizite* Betrachtungsweisen in anderen Theorien aufgezeigt werden, um diese dann entsprechend zu kategorisieren, sowie auch umfassendere theoriehistorische Entwicklungen beschreiben und nachzeichnen zu können. Auf dieser historiographisch höheren Abstraktionsebene muss die fragliche Metapher also nicht mehr explizit im Theorietext selbst auftauchen. Elsaesser und Hagener erklären es in ihrer breit angelegten Einführung in die Filmtheorie dementsprechend ausdrücklich zu ihrem Programm, historisch-analytisch gerade auch implizit angelegte Antworten auf ihre Leitfrage nach der Zuschauer-Film-Relation in den diversen Theorieentwürfen herauszuarbeiten (Elsaesser/Hagener: S. 15f.). Neben den hier angedeuteten Möglichkeiten für die historiographische Betrachtung werden in Kapitel 2.1.3 auch die

Probleme, die mit dieser generalisierenden Abstraktion verbunden sein können, diskutiert.

Auf der Grundlage seiner metaphorischen Zuschreibungen stellt Altman nun implizite Gemeinsamkeiten der scheinbar antagonistischen Positionen heraus: Sowohl der Apparat zur Erzeugung des Bildes (das kinematographische *Dispositiv*), als auch der „Apparat", der dieses Bild konsumiere (Zuschauer, -körper, -augen und -geist [*mind*]), würden von beiden Theorietraditionen ausgeklammert, das Filmbild - ob nun als Fenster oder als Rahmen - als gegeben vorausgesetzt, und die Fähigkeit des Zuschauers, Personen und Gegenstände zu erkennen, nie analysiert. Letztlich - so formuliert es Altman semiologisch[12] - werde das Bild von diesen Theorien als reines Signifikat behandelt, während sie den Signifikanten und den Prozess der Signifikation selbst vernachlässigten (Altman: S. 521): „Though the window and frame metaphors appear diametrically opposed, they actually share an assumption of the screen's fundamental independence from the processes of production and consumption." (ebd.: S. 521f.)

Diese zuletzt zitierte Zusammenfassung Altmans führen auch Elsaesser und Hagener im ersten ihrer sieben Kapitel an, wenn sie über die metaphorisch-konzeptuelle Ebene von Fenster und Rahmen ebenfalls die Unterscheidung von Formalismus (bzw. Konstruktivismus) und Realismus in ihre Systematik aufnehmen (S. 25ff.). Dabei präzisieren sie Altmans Resümee der von beiden Richtungen gleichermaßen angenommenen Unabhängigkeit der Leinwand, insofern sie diese nicht in einer vollkommenen methodischen Ausklammerung des Zuschauers, sondern in der optozentrischen und rationalistischen Sichtweise begründet sehen:

> Die Wahrnehmung ist sowohl für die Konstruktivisten wie für die Realisten auf das Sehen ausgerichtet, die ablaufenden Prozesse werden als streng logisch konzeptualisiert, und die rationale Verarbeitung von Information wird als Ziel angestrebt. Insofern ist die implizite Vorstellung des Verhältnisses vom Zuschauer zum Film bei Balász und Bazin, bei Arnheim und Kracauer ähnlich. (ebd.: S. 26f.)

[12] Zur semiologischen Terminologie vgl. Kapitel 2.2.1.

Diese Vorstellung, in der ein weitgehend körperloser Betrachter idealtypisch konstruiert werde, entspräche letztlich einem bürgerlichen Bildungsideal, in der der Zuschauer distanziert und kontemplierend das (durch den Bildrahmen) gerahmte, bzw. (durch den Fensterrahmen) maskierte Bild rezipiere (ebd.: S. 26f.) – der Zuschauer erscheint hier also völlig und beständig sich selbst bewusst, er verfügt über eine stabile, gar transzendente Identität, ist sich selbst vollkommen transparent. Demnach werden von den betreffenden Theoretikern nicht schlichtweg die Fragen des materiellen Bedeutungsträgers (des Signifikanten) und der Bedeutungserzeugung (der Signifikation) vernachlässigt oder ausgeblendet, wie es Altman beschreibt (vgl. auch etwa die Darstellung von Arnheims Position in Kapitel 2.1.1), sondern deren psychische Verarbeitung seitens des Zuschauers stellt kein grundlegendes Problem, und damit keinen Fokus der Fragestellung dieser Positionen dar. Gleichermaßen, so Elsaesser und Hagener, entspräche dieses idealtypische Konstrukt des Betrachters dem klassischen Kino, in dem der Zuschauer ein unsichtbarer, quasi nicht-präsenter Zeuge der sich auf der Leinwand entwickelnden Narration sei (ebd.: S. 30).

*Fenster und Rahmen und der klassische Filmstil*

Auch wenn sie die jeweiligen theoretischen Positionen selbst nicht klassisch nennen, beschreiben Elsaesser und Hagener doch über die Metaphern des Fensters und des Rahmens, wie beide Sichtweisen letztlich in einem als *klassisch* bezeichneten Filmstil zusammenkommen. Die zentrifugale Beschaffenheit des Fensters und der zentripetale Aufbau des Rahmens entsprechen nach Elsaesser und Hagener im Anschluss an Leo Braudy der Unterscheidung von offener und geschlossener Filmform: Die Filme der offenen Form, deren erste Exemplare die Filme der Gebrüder Lumière seien, wiesen demnach über sich hinaus auf eine von ihnen scheinbar unabhängig existierende Realität, von der sie lediglich einen Ausschnitt zeigten. Filme dieser Art zeichneten sich etwa durch lange (ungeschnittene) Kamerabewegungen und große Figurenensembles aus. In der geschlossenen Form dagegen enthielten die Filme nur diejenigen Elemente, die notwendig für die Darstellung ihrer Diegese und

Narration seien, sie seien entsprechend typischerweise bis zur einzelnen Einstellung streng durchkomponiert und strukturiert. Hierzu zählten als frühes Beispiel auch die Filme von Georges Méliès, in denen dieser filmische Techniken und Tricks erprobte, und die dabei stets auf sich selbst zurückverwiesen. (Elsaesser/Hagener: S. 27ff.) Entsprechend komme es bei der Konzeption des Fensters besonders auf eine Transparenz der Darstellung an, während beim Rahmen die Organisation des Materials durch Montage und Bildgestaltung (Mise en scène) im Vordergrund stehe (ebd.: S. 29) - ähnlich wie es auch Altman mit der Analogie zu den Malstilen der Zentralperspektive und des Kubismus beschreibt. An David Bordwells, Janet Staigers und Kristin Thompsons Analyse des Stils des klassischen Hollywoodkinos in *The Classical Hollywood Cinema: Film Style & Mode of Production to 1960* anschließend erläutern Elsaesser und Hagener, wie letztlich *beide* Konzeptionen Bestandteil dieses Filmstils seien: Zum einen würden die formgebenden filmischen Mittel (z.B. Montage und Beleuchtung) und filmischen Tricks im klassischen Stil besonders intensiv genutzt, zum anderen sei dieser Stil aber gerade auf eine transparente Wirkung ausgelegt, die den Einsatz seiner technischen Verfahren verschleiere und damit den meisten Zuschauern als realistisch erscheine. (ebd.)

> Der paradoxe Spagat zwischen dem Einsatz von kodifizierten Regeln und der Wirkung einer unvermittelten Durchsicht macht diese spezifische Form vielleicht derart dominant. Denn der klassisch genannte Stil, der Ende der 1910er Jahre in Hollywood perfektioniert wurde, bestimmte zumindest bis in die 1950er Jahre international das Kino. (ebd.)

Dieser stabil kodifizierte und institutionalisierte, dem Publikum transparent und realistisch erscheinende, und im fraglichen Zeitraum dominante Filmstil bildet auch den zentralen Gegenstand der hier diskutierten Filmtheorien von Metz und Morin. Während der Filmstil bei Metz jedoch gewissermaßen als gegeben vorausgesetzt wird (s. Kap. 2.2.1), bezieht Morins Theoriemodell die Entwicklung und Ausdifferenzierung dieses Stils mit ein (s. Kap. 3.4.3, 3.5.2).

### 2.1.3 Der Wechsel zur Metapher des Spiegels

Den bereits von Andrew in *The Major Film Theories* angedeuteten Wandel innerhalb der französischen Theorie - als Versuch der Überwindung eines in formalistische und realistische Positionen gespaltenen und dergestalt stagnierenden klassischen Theorie-Diskurses (s. Kap. 2.1.1) - verortet Altman nun in den französischen psychoanalytisch-semiologischen Theorieentwürfen der ersten Hälfte der 1970er Jahre (Altman: S. 519ff.). Anschließend an seine Kategorisierung der klassischen Theorien anhand der Metaphern von Fenster und Rahmen und der postulierten gemeinsamen Vernachlässigung der Prozesse der Zuschauerwahrnehmung beschreibt er diesen Wandel mit der Hervorbringung einer neuen Schlüsselmetapher:

> It is in this context, I believe, that we must see the current French attempt to create a new metaphor for the screen, one which would take into account the process of signification itself. First suggested by Jean-Louis Baudry in "Cinéma: effets idéologiques produits par l'appareil de base" (Cinéthique 7-8, 1970 ... ), this new metaphor is the mirror (the projected text thus being designated as specular). (ebd.: S. 522)

Die Metapher der *Leinwand als Spiegel* steht in Altmans Augen somit paradigmatisch für die psychoanalytischen Filmtheorien und ihre Problematisierung der Zuschauer-Film-Relation, und wird damit gleichzeitig zentrales Indiz für einen Paradigmenwechsel innerhalb der gesamten Filmtheorie.

Diese Beschreibung wird von Dudley Andrew in *Concepts in Film Theory* von 1984 aufgegriffen, welches er acht Jahre nach *The Major Film Theories* explizit als dessen Nachfolgeband veröffentlicht (Andrew, 1984: S. vii). Schon in den Titeln zeigt sich hier ein Wandel seiner theoriegeschichtlichen Betrachtungsweise, wenn zum einen „Theorie" vom Plural - als Bezeichnung einer überschaubaren Anzahl von Einzeltheorien - zum Singular der Mengenbezeichnung wird, und zum anderen die Betrachtung anhand von theorieübergreifenden *Konzepten* (anstelle der epistemologischen Einteilung im vorigen Band) angekündigt wird. Dies, so Andrew, sei insbesondere durch die zunehmende Institutionalisierung der Filmwissenschaft und dem damit verbundenen Anwachsen des Diskurses notwendig geworden. (ebd.) Andererseits aber bestehe die Filmtheorie selbst - gleichermaßen bedingt durch diese Entwicklung - inzwischen vor allem darin, Schlüsselmetaphern auszuarbeiten und zu kritisieren, mit denen gleichsam versucht werde, indirekt den Komplex des Kinos zu verstehen (ebd.: S. 1, 12). Unmittelbar anschließend an diese Beurteilung führt er Altmans Metaphernanalyse - sowie dessen Kritik an der Spiegelmetapher am Ende seines Textes (vgl. Altman: S. 528ff.) - als beispielhaft und stilbildend für diese Art der Diskussion und Kritik von konzeptuellen Metaphern an (Andrew, 1984: S. 12) - womit letztlich auch die Trennung von theoriegeschichtlicher Betrachtung und theoretischer Erörterung relativiert wird: „Thus goes film theory and thus, in my mind, should it go: metaphor and critique, constantly modifying our representation of film in human history." (ebd.: S. 13)

Als problematisch erweist sich diese Betrachtungsweise vor allem dann, wenn die als paradigmatisch identifizierten Metaphern nicht mehr nur als historiographische Darstellungshilfe, sondern als selbst essentiell für die theoretische Entwicklung verstanden werden. Eine derartige Sichtweise zeigt sich besonders in Andrews Widergabe der Kontexte der Spiegelmetapher und ihrer Bedeutung für den Wandel von einer klassischen zu einer modernen Filmtheorie:

> Charles F. Altman chronicled this event by pointing to a shift in metaphors which theorists were compelled to fashion in their writing. ... The frame constructed meaning and effects; the window displayed them. ... Jean Mitry holds that cinema's particular advantage and appeal lies in maintaining the implications of both these metaphors. The cinema is at once a window and a frame.
>
> Classical film theory could go no further. Only by shifting the discourse to another plane and invoking another system could modern theory develop. A new metaphor was advanced: the screen was termed a mirror. On the force of this coinage, new relations suddenly came to light and were for the first time open to systematic inquiry. Questions about the connections cinema maintains with reality and with art (window and frame, respectively) were subsumed under the consideration of cinema's rapport with the spectator. A new faculty, the unconscious, instantly became a necessary part of any overarching film theory, and a new discourse, psychoanalysis, was called upon to explain what before had been of little consequence, the fact and force of desire. (ebd.: S. 134)

War es bei Altman noch grundsätzlich die jeweilige Theorie, ihre Betrachtungsweisen, Theoreme und Methoden, deren Erkenntnisse in den als solchen identifizierten Schlüsselmetaphern verdichtet wurden - welche im Anschluss auch auf vergleichbare Theorien übertragbar waren -, scheint es bei Andrew dieser Darstellung nach nun umgekehrt die Metapher des Spiegels selbst zu sein, aufgrund deren Einführung neue Theoriemodelle erst möglich oder erforderlich gemacht wurden: Andrew zufolge wird die Leinwand nicht als Spiegel verstanden, weil das Kino psychoanalytisch betrachtet wird, sondern weil die Leinwand als Spiegel verstanden wird, muss die Psychoanalyse hinzugezogen werden - die historiographische Beschreibungsrichtung hat sich umgekehrt. Die zunehmende historiographische Abstrahierung und Herausarbeitung einzelner konzeptueller Metaphern als Hilfsmittel zur Einordnung und Beschreibung von Theorien, -traditionen und theoriehistorischen Prozessen ist somit essentialisiert und das Ergebnis dieser Ausarbeitung den damit erst identifizierten Theorietraditionen selbst zugeschrieben worden. Das eigentliche *Ergebnis* der historiographischen Analyse wird selbst als *Bedingung* für die theoriegeschichtliche Entwicklung angesehen - in Verbindung mit dem Argument, dass dies das primäre Vorgehen der Filmtheorie selbst sei.[13] In dieser Betrachtungsweise scheint die Spiegelmetapher in ihrer

13 Damit soll nicht abgesprochen werden, dass diese Schlüsselmetaphern durchaus Einfluss auf den filmtheoretischen Diskurs hatten und haben - jedoch mithin gerade erst durch die *theoriegeschichtliche* Analyse und Darstellung, und ohne dass dabei Andrews Verständnis der Filmtheorie insgesamt als konstante Ausarbeitung und Kritik von Schlüsselmetaphern zur Repräsentation des Films (Andrew, 1984: S. 13) geteilt wird. Ein interessantes Beispiel hierzu stellen Vivian Sobchacks Äußerungen in *The Address of the Eye: A Phenomenology of Film Experience* (1992) dar, in der sie einerseits auf Altmans Analyse verweist (und dessen Interpretation der Spiegelmetapher aufgreift, s. Kap. 2.1.4), um den Stand der Filmtheorie zu charakterisieren, und sich kritisch davon zu distanzieren: „Three metaphors have dominated film theory: the *picture frame*, the *window*, and the *mirror*. The first two, the frame and the window, represent the opposing poles of classical film theory, while the third, the mirror, represents the synthetic conflation of perception and expression that characterizes most contemporary film theory. What is interesting to note is that all three metaphors relate directly to the screen rectangle and to the film as a static *viewed object*, and only indirectly to the dynamic activity of viewing that is engaged in by both the film and the spectator, each as *viewing subjects*." (S. 14f., Hervorhebungen im Original) Andererseits stellt sie sich selbst ganz entschieden gegen die Verwendung von konzeptuellen (Schlüssel-)Metaphern: „... except

Bedeutung sowohl historisch stabil, als auch vollkommen eindeutig zu sein. Gerade diese beiden letzten Aspekte aber werden problematisch bei den Fragen, ab wann eine Spiegelmetaphorik in filmtheoretischen Texten zu finden ist, und wie genau die „Spiegelung" im Film zu verstehen ist. Denn schon bei der Betrachtung der verschiedenen theoriegeschichtlichen Analysen der Spiegelmetapher in Metz' Theorieansatz zeigt sich, dass keine vollkommene Einigkeit darüber herrscht, was genau das „Spiegeln" denn nun ausmacht, also wer oder was von wem oder was „gespiegelt" wird.

### 2.1.4 Die historiographischen Interpretationen der Spiegelmetapher

Zu Beginn ihres dritten Kapitels „Spiegel und Gesicht" zitieren Elsaesser und Hagener Andrews zuvor angeführte Darstellung des Wechsels zur Metapher des Spiegels (S. 77). Gleich im Anschluss weisen sie jedoch darauf hin, dass „... die filmtheoretische Idee des Blicks in den Spiegel - und damit in das Gesicht - ... älter als die Anwendung freudscher und lacanscher Theoreme in den 1960er und 1970er Jahren ..." sei, und sich etwa schon 1924 bei Béla Balász und dessen Beschreibung der Großaufnahme finden lasse (ebd.). Neben der Relativierung des innovativen Charakters der Spiegelmetapher, welcher insbesondere bei Andrew, aber auch bei Altman stark gemacht wird, deuten sie damit an, dass sie diese theoretische Konzeption des Films vor allem als Spiegel des *Zuschauers* verstehen.

Im Anschluss unterscheiden sie drei Paradigmen des „Themenbereiches des Spiegels": Das *Kino als Spiegel des Unbewussten* sei das zentrale Paradigma der Filmtheorie von Mitte der 1960er bis Mitte der 1980er Jahre gewesen, „... im Sinne eines ‚Mehr' des Selbst, das der Spiegel zu enthüllen vermag" (ebd.: S. 82). Weiterhin hätten die „... Neuen Wellen der 1960er und 1970er Jahre, von der französischen *Nouvelle Vague* bis zum Neuen Deutschen Film, ... die

insofar as all language is metaphorical or as it is specifically identified in this present work, I do not use metaphor. (For example, the term *film's body* in this work is meant to be empirical, not metaphoric.)" (S. xviii, Hervorhebung im Original) - Wobei dahingestellt bleiben soll, inwiefern man dieser Abgrenzung und Selbsterklärung inhaltlich folgen will; hier ist vornehmlich Sobchacks diskursive Selbstpositionierung von Interesse.

*Funktion der reflexiven Verdoppelung* ins Zentrum ihrer Aufmerksamkeit gestellt"[14], in der das moderne Kino etwa durch selbstdistanzierende Verdoppelungen der eigenen Narration oder der medialen Rahmung sich selbst reflektiere, bzw. spiegele (ebd.: S. 82, 93f.). Zuletzt sei das Kino als mimetischer *Spiegel des Anderen* im „Nexus von Spiegel, Gesicht und Großaufnahme" mit der Verhaltensforschung und dem neurowissenschaftlichen Phänomen der Spiegelneuronen, und so auch mit Fragen der zwischenmenschlichen Interaktion, des Lernens, der Empathie und der Einfühlung in Verbindung gebracht worden (ebd.: S. 82, 98f.). All diesen Beschreibungen von Elsaesser und Hagener ist so letztlich gemein, dass der Spiegel hier als etwas gedacht wird, das auf die eine oder andere Weise mit einem (Selbst-)Erkenntnisprozess in Verbindung steht - und so einen Gegensatz zu den Vorstellungen einer stabilen und vollkommen (sich selbst) transparenten Zuschauer- und Filmidentität in den klassischen Filmtheorien und dem klassischen (Hollywood-)Filmstil bildet (vgl. Kap. 2.1.2).

Im Zusammenhang dieser Arbeit ist insbesondere von Interesse, was Elsaesser und Hagener unter ihrer Definition des *Kinos als Spiegel des Unbewussten* beschreiben. In den Ansätzen dieses Paradigmas sei insbesondere die Anwendung von Freuds Theorien des Unbewussten - das Elsaesser und Hagener mit dem Konzept des imaginären Signifikanten gleichsetzen -, sowie von Lacans Idee des Spiegelstadiums[15] von Belang. Der zentrale Bezugspunkt zwischen diesen Theoremen und dem Kino sei in den Ansätzen insbesondere von Baudry und Metz, dass der Körper des Zuschauers im dunklen Kinosaal in eine frühere Entwicklungsphase regrediere, der einerseits dem Traum, andererseits der frühkindlichen Selbsterkenntnis nach Lacan entspreche, wenn das Kind sich in einer imaginären - nicht wirklich gegebenen - Kohärenz des eigenen Körpers zum ersten Mal im Spiegel wahrnehme und identifiziere. So machen Elsaesser und Hagener in ihrer Darstellung, sowie in ihrer Benennung des Paradigmas, gleichsam deutlich, dass in diesen Theoriemodellen nicht mehr nur der auf die Leinwand projizierte Film, sondern die Kinositua-

14 Hervorhebung im Original

15 Dieses Konzept wird in Kapitel 2.2 ausführlicher besprochen.

tion *als Ganze* von Interesse ist. Die erste Selbstidentifikation des Kindes im Spiegel aufgrund einer projektiven und narzisstischen Verkennung der Realität sei wiederum die Basis für spätere Identifikationen. (ebd: S. 82f., 85f.) Die Identifikation im Kino beruhe nun Metz zufolge gleichermaßen auf einer imaginären Beziehung - mit dem Unterschied, dass der Körper des Zuschauers gerade nicht vom Film gespiegelt werde:

> Das Erkennen des Zuschauers, der in den Spiegel sieht, ist stets ein Falsch-Erkennen, ein Verkennen. Der Blick in den Spiegel der Leinwand ähnelt also nicht mehr - wie noch bei Balász - dem Erkennen eines Menschen durch einen anderen, sondern es handelt sich eigentlich um ein Missverständnis, als würde man einen anderen als sich selbst im Spiegel erkennen, wenn nicht sogar sich selbst als einen anderen. (ebd.: S. 84)

Diese Art der Identifikation stelle für Metz nun eine *sekundäre* dar, der eine primäre vorausgehen müsse: der Identifikation des Zuschauers mit sich selbst als Wahrnehmenden - als gewissermaßen transzendentales Subjekt. Dies, so Elsaesser und Hagener, sei auch als der „Subjekteffekt" des Kinos bezeichnet worden. (ebd.: S. 86) Die *bewusste* und analytische Erkenntnis der *unbewussten*, bzw. imaginären Vorgänge im Kino, welche zu dem beschriebenen Verkennen des Zuschauers führen - also die von Elsaesser und Hagener angeführte „Enthüllung eines ‚Mehr' des Selbst" (ebd.: S. 82) -, liegt hier entsprechend nicht beim Zuschauer im Kino, sondern bei den jeweiligen Theorien, die dies formulieren und analysieren.[16] Mit dem Einbezug unbewusster Wahrnehmungsvorgänge, die erst einer (distanzierten) Analyse bedürfen, wird also eine Differenz von Theorie und Zuschauersubjekt eingeführt; die Theoriebildung impliziert eine zusätzliche Beobachterebene.

Auch Andrew betont in seiner Interpretation der Spiegelmetapher die Relevanz von Lacans Spiegelstadium und den damit verbundenen Identifikationsvorgängen für die entsprechenden Theorien - bezeichnet sie jedoch als

[16] Elsaesser und Hagener kommen im weiteren Verlauf des Kapitels auf die „... Enthüllung eines unterdrückten Unbewussten oder eines bösartigen ‚Anderen', das dem Selbst - im Sinne von Freuds Unheimlichkeit - nur allzu vertraut ist" (S. 91) zurück - allerdings in Verbindung mit dem expressionistischen Film, der Doppelgänger-, Spiegel- und Schattenmotive nutze, und nicht mehr im unmittelbaren Zusammenhang der hier diskutierten Theorieentwürfe (ebd.).

„analogy of the *screen as mirror*"[17] und legt deren Anwendung dementsprechend etwas anders aus (Andrew, 1984: S. 149):

> Our fascination with films is now thought to be not a fascination with particular characters and intrigues so much as a fascination with the image itself, based on a primal "mirror stage" in our psychic growth. Just as we were, when infants, confronted with the gloriously complete view of ourselves in the mirror, so now we identify with the gloriously complete presentation of a spectacle on the screen. (ebd.)

Gemäß seiner Interpretation der *Leinwand als Spiegel* versteht er die auch von Elsaesser und Hagener angeführte Anmerkung Metz', dass sich der Zuschauerkörper nicht tatsächlich auf der Leinwand spiegele, als dessen Eingeständnis der Beschränktheit des eigenen Konzepts (ebd.: S. 150): „The mirror analogy breaks down at one crucial point: in the cinema one is able to see everything except oneself, whereas a mirror exists precisely for self-reflection." (ebd.) Die Leinwand erscheint hier als ein „fehlerhafter" Spiegel.

Zu wieder einer etwas anders gelagerten Interpretation kommt Altman: „Cinema reconstitutes the conditions of Lacan's ‚mirror stage' - reduced motor activity and predominance of visual sensations - and thus sets up an Imaginary relationship between the film spectator and *the world which he sees mirrored on the screen.*"[18] (Altman: S. 522) Dabei beschreibt Altman jedoch nicht wie Andrew das Spektakel, das auf der Leinwand zu sehen sei, sondern verweist auf Metz' Vergleich des Kinos mit dem Theater, dass etwa ein Stuhl auf der Leinwand nicht wie auf der Bühne einfach ein Stuhl sei: „There is no chair on the screen, only its reflection - its mirror image, as it were." (ebd.) Entscheidend für dieses Verständnis des Filmbildes als Spiegelbild - obwohl das Gesicht des Zuschauers nicht reflektiert werde - sei die Bedeutung des Wortes „Spiegel" in Lacans Beschreibung der Spiegelphase: Letztlich konstituiere jegliche „transitive" Situation, in der das Individuum Imaginäres mit Realem verwechsle, eine „Spiegelerfahrung". Damit habe Metz zeigen können, dass das Kino einen imaginären Signifikanten habe. (ebd.)

---

[17] Eigene Hervorhebung.
[18] Eigene Hervorhebung.

Nach diesen Zusammenfassungen der unterschiedlichen theoriegeschichtlichen Interpretationen des Metz'schen Theoriekonzepts als des *Kinos als Spiegel des Unbewussten* bei Elsaesser und Hagener, der *Leinwand als ein „fehlerhafter" Spiegel* bei Andrew, und der *Leinwand als ein Spiegel der Welt* bei Altman wird zumindest deutlich, dass die Spiegelmetapher in den psychoanalytisch-semiologischen Theorien der 1970er Jahre, und insbesondere bei Metz, verschiedene Reflexionsebenen (im tatsächlichen und übertragenen Sinn des Wortes) umfasst, die einigen Interpretationsspielraum lassen - wodurch die Metapher des Spiegels auch wesentlich mehr als etwa die Metaphern des Fensters und des Rahmens vom Kontext und der Motivation der jeweiligen historiographischen Betrachtung abhängig ist.

Hinzu kommt der von Elsaesser und Hagener angemerkte Aspekt, dass die Idee des Spiegels - bei ihnen als Spiegel des Zuschauers - nicht erst 1970 in die Filmtheorie eingeführt wurde, auch wenn sie den angeführten theoriegeschichtlichen Darstellungen zufolge erst dann besondere Aufmerksamkeit erfuhr (Elsaesser/Hagener: S. 77). So findet sich tatsächlich auch bei Bazin - in eben jenem Artikel „Theater und Kino II", den Altman zu Fenster und Rahmen zitiert - eine Analogie von Film und Spiegel, insofern das Filmbild ähnlich dem Spiegel ein Bild, bzw. die *Präsenz* von Personen und Gegenständen übertrage - womit gerade in dieser Beschreibung die Metapher des Films, bzw. der *Leinwand als Spiegel der Welt* angelegt zu sein scheint (Bazin, 86f.). Diese Metapher ist sicherlich nicht als paradigmatisch für Bazins Theorie anzusehen, angesichts der Uneindeutigkeit der historiographischen Beschreibungen der Spiegelmetapher, sowie des Umstandes, dass Metz in *Le signifiant imaginaire* insbesondere Bazins Theorieansatz kritisiert, scheint es sich jedoch anzubieten, die Differenz von Bazins und Metz' Theorie anhand dieser von beiden verwendeten Begrifflichkeit nachzuzeichnen (vgl. Metz, 2000: S. 51f.).

Bei der folgenden Diskussion soll sich somit zeigen, dass der Unterschied zwischen Bazins (klassischer) und Metz' (moderner) Filmtheorie nicht in der Einführung der neuen metaphorischen Bezeichnung der Leinwand als Spiegel liegt, sondern in ihrer *Verwendung* - und damit dem konzeptuellen Verständnis - dieser Metapher. Neben der maßgeblichen *Umdeutung* und *Aus-*

*weitung* der Metapher durch Metz, die dabei auch paradigmatischen Charakter für dessen Theorie bekommt, lässt sich so aber auch eine gewisse Kontinuität in der Begrifflichkeit aufzeigen. Die theoriegeschichtliche Motivation dieser Betrachtung bleibt dabei, ein konzeptuelles Werkzeug zu erarbeiten, mit dem Edgar Morins Theorie analysiert und eingeordnet werden kann.

## 2.2 Die Spiegelmetapher bei Bazin und Metz

In seiner 1977 erschienenen Darstellung der Spiegelmetapher, die als Ursprung dieser historiographischen Analysemethodik gilt, verweist Charles F. Altman insbesondere auf die Einbindung des Lacan'schen Modells des Spiegelstadiums durch Baudry und Metz, sowie auf Metz' Vergleich des Kinos mit dem Theater und der daraus abgeleiteten Analogie von Film und Spiegel in dessen Text „Le signifiant imaginaire" (Altman: S. 522). Dieser Aufsatz von Metz war zuerst 1975 in der Zeitschrift *Communications 23* abgedruckt worden, und erschien 1977 titelgebend mit weiteren Aufsätzen als Monographie (dt.: *Der imaginäre Signifikant*, vgl. Metz, 2000: S. 247).

In den folgenden Kapiteln soll zunächst die Frage nach dem Verständnis des Filmbildes als Spiegelung von Personen und Gegenständen dargestellt werden (Kap. 2.2.1) - von Altman beschrieben als *Welt*, die der Zuschauer auf der Leinwand gespiegelt sieht -, wie es von Metz, aber auch schon von Bazin formuliert wurde. Im Anschluss wird gezeigt, inwiefern die Unterschiede in diesem Verständnis, sowie die Ausweitung der Spiegelmetapher auf den gesamten Kinoapparat mit einer fundamentalen Kritik von Metz an Bazins Theoriemodell und einer psychoanalytisch-semiologischen Grundlegung von Metz' Theorie zusammenhängen (Kap. 2.2.2). Zuletzt werden die jeweiligen Bedeutungsebenen der Spiegelmetapher noch einmal zusammengefasst (Kap. 2.2.3).

### 2.2.1 Die Spiegelung der Welt durch den Film

In dem von Altman angeführten Argument versucht Metz mit Vergleichen zu anderen Künsten, insbesondere zu Theater und Literatur, darzulegen, inwiefern der Film schon in seiner grundlegenden Beschaffenheit *irreal, imaginär*[19] sei. Im Theater seien Personen und Gegenstände real, sie befänden sich - gemeinsam mit dem Publikum - in einer realen Zeit und einem realen Raum, ob nun eine fiktionale Handlung dargestellt würde oder nicht. Im Ki-

[19] Metz verwendet diese Begriffe in diesem Zusammenhang grundsätzlich synonym - insbesondere als Antonyme zu „real" und „echt" (vgl. S. 44f.).

no hingegen sei alles photographisch aufgenommen; selbst wenn das Aufgenommene keine fiktionale Geschichte darstelle, sei es dennoch im Moment der Betrachtung physisch abwesend - und damit selbst schon fiktiv. Ob Schauspieler oder Gegenstand, „... er ist nicht da, wenn die Zuschauer ihn sehen ...: Er hat an seiner Statt seinen Schein entsendet". (Metz, 2000: S. 45) Über die Betrachtung des Wesens der Wahrnehmung des Zuschauers führt ihn dies zum Vergleich von Kino und Spiegel:

> An seinen sensoriellen Registern gemessen ist das Kino „wahrnehmbarer" als andere Künste, gleichzeitig ist es aber „weniger wahrnehmbar", sobald man den Status dieser Wahrnehmungen in Betracht zieht und nicht mehr ihre Anzahl oder ihre Verschiedenartigkeit: denn seine Wahrnehmungen sind in einem gewissen Sinne alle „falsch". Oder vielmehr das Wahrnehmen ist wirklich (das Kino ist nicht das Phantasma), doch das Wahrgenommene ist nicht der Gegenstand, sondern sein Schatten, sein Phantom, sein Double, seine *Nachbildung* in einer neuen Art Spiegel. ... Der ungewöhnliche Wahrnehmungsreichtum ist schon in seinem Prinzip von einer ungewöhnlich großen Irrealität geprägt. - Stärker oder auf einzigartigere Weise als die anderen Künste bindet uns das Kino ans Imaginäre ... Insofern gleicht der Film dem Spiegel. (ebd.: S. 46)[20]

Die Differenz des Kinos zu anderen Künsten, die Metz hier mit dem Bezug zum Spiegel darstellt, besteht für ihn somit einerseits darin, dass im Kino etwas wahrgenommen wird, das für die Wahrnehmung des Zuschauers *als etwas erscheint*, das jedoch nicht, wie etwa im Theater, tatsächlich körperlich *zugegen* ist - es ist nur „gespiegelt". In dieser Beschreibung, und insbesondere der Bezeichnung *jeglicher* Spiegelung als irreal, zeigt sich, dass Metz' Verständnis von real und irreal durch die physisch-körperliche An- und Abwesenheit definiert ist, wobei als irreal alles verstanden wird, das der Wahrnehmung eine Anwesenheit suggeriert, obwohl dieses Wahrgenommene tatsächlich abwesend ist - womit sich die Wahrnehmung als imaginär erweist.

Der Film stellt somit eine „irreale" Verdoppelung her, die andererseits eigentlich abwesende Dinge durch ihren (visuellen und auditiven) Detailreichtum auf eine spezifische Weise *vergegenwärtigt*. Hierin besteht Metz zufolge der zentrale Unterschied zum geschriebenen Wort der Literatur, welches

20 Hervorhebung im Original.

zwar ebenfalls Abwesendes vergegenwärtige, jedoch durch „... ein beschränkteres Wahrnehmungsregister, da nur Grapheme, nur Schriftzeichen wahrgenommen werden müssen". (ebd.: S. 44, 46) So wiederum erzeugt der „irreale Wahrnehmungsreichtum" des Kinos nun für Metz eine imaginäre Illusion vor oder jenseits jeder „eigentlichen" fiktionalen Illusion: „Das Charakteristische des Kinos besteht nicht im Imaginären, das das Kino eventuell darstellen kann, sondern darin, daß es von Anfang an imaginär *ist*, wodurch es sich als Signifikant konstituiert."[21] (ebd.: S. 45) Das grundlegend Imaginäre des Kinos stellt damit gleichzeitig die Grundlage jeglicher filmischen *Bedeutungserzeugung* dar.

Das linguistische Zeichenmodell des Sprachwissenschaftlers Ferdinand de Saussure ist dabei ein fundamentaler Bezugs- und Ausgangspunkt von Metz. Das sprachliche Zeichen, das als sinnlich wahrnehmbare, bedeutungstragende Entität *für* etwas anderes - abwesendes - (den Referenten) steht, besitzt danach zwei Aspekte: den Signifikanten (das Bezeichnende) auf der Ausdrucks-, bzw. Formebene und das Signifikat (das Bezeichnete) auf der Inhaltsebene. Das Signifikat wird hierbei jedoch als ein rein mentales Konzept verstanden, das nicht mit dem realweltlichen Referenten zu verwechseln ist, der außerhalb des (zweiwertigen) Zeichens liegt. (Nünning: S. 781) Auf dieses und andere damit verbundene Konzepte der Semiologie hatte Metz bereits ausführlich in seinen früheren Arbeiten rekurriert, in welchen er sich vor allem mit der Metapher der „Sprache des Films" befasste, und versucht hatte, diese durch die Aufarbeitung mit linguistisch-semiologischer Terminologie zu aktualisieren - wodurch er heute als Begründer der Filmsemiologie gilt (Riesinger: S. 230ff.).

Jenseits des dortigen Verständnis des Films als „... reiche Nachricht mit armem Kode, als reicher Text mit armem System ..." (Metz nach Riesinger: S. 232), als eine „Sprache", die jedoch kein Sprach*system* besäße (ebd.),[22] geht es

[21] Hervorhebung im Original.

[22] Metz schreibt in seinem zuerst 1964 abgedruckten Aufsatz „Le cinéma: langue ou langage?" weiter: „... das kinematographische Bild [ist] in erster Linie Rede [*parole*]. Alles ist Behauptung. Das Wort, die Einheit der Sprache [*langue*], fehlt; der Satz, die Einheit der Rede herrscht vor." (zit. nach Riesinger: S. 232)

Metz in *Der imaginäre Signifikant* insbesondere um die psychoanalytische Erforschung der „... relevanten Merkmale der Materie des kinematographischen Signifikanten ..." (Metz, 2000: S. 40) und zwar „... unabhängig von einem bestimmten Film" (ebd.: S. 39) - also als der physischen und wahrnehmbaren Grundlage der filmischen „Sprache" (vgl. ebd.: S. 40). Metz geht so letztlich in seiner Untersuchung von der *strukturellen* Metapher des Films als Text und des Filmbildes als Signifikanten aus, die er in *Le signifiant imaginaire* um die *phänomenale* (primär visuelle) Metapher des Spiegels erweitert.

Metz' Argumentationslinie ließe sich bis hierher noch einmal etwa folgendermaßen skizzieren: Das filmische Bild als physisch vorhandenes Wahrgenommenes vergegenwärtigt abwesende Personen und Gegenstände und ist demnach ein Signifikant als Teilaspekt eines Zeichens. Da das Filmbild aber nicht nur wie die konventionalisierte Schrift ein unmittelbar als rein mental zu erkennendes Signifikat evoziert, sondern wie ein Spiegelbild gewissermaßen als sein realweltlicher Referent erscheint, welcher selbst als anwesend wahrgenommen wird, obwohl er - im Gegensatz zum Theater - tatsächlich abwesend ist, ist das Filmbild, ist der kinematographische *Signifikant* grundlegend imaginär. Metz' Argument basiert damit darauf, dass die zeichenvermittelte Vergegenwärtigung nicht unmittelbar als solche wahrgenommen werde: Der kinematographische Signifikant sei „... bestrebt, seine Spuren zu verwischen, um die unmittelbare Transparenz eines Signifikats herbeizuführen, einer Geschichte, die in Wirklichkeit von ihm hergestellt ist ..." (ebd.: S. 43).[23] Dies betreffe eine große Anzahl von Filmen und nicht einen Film im Be-

[23] Metz verwendet das Begriffspaar Signifikant/Signifikat nicht ausschließlich zur Bezeichnung einer einzelnen bedeutungstragenden Einheit: Das Szenario eines Films würde in der Umsetzung durch kinematographische und nicht-kinematographische Codes (als Systeme von Signifikanten) zu einem Signifikat, das sich als die „manifeste Thematik des Films" definieren ließe. Psychoanalytische Studien des Szenarios wiederum machten „... das Szenario zu einem Signifikanten, von dem aus weniger offensichtliche Bedeutungen herausgearbeitet werden". (Metz: S. 33) Die doppelte Verwendung der Terminologie begründet Metz somit mit der psychoanalytischen Unterscheidung zwischen einem manifesten, „wortwörtlichen" Inhalt als „ausführliche Denotation" und „sichtbares Signifikat sichtbarer Signifikanten" und latenten, „weniger offensichtlichen" Bedeutungen. (ebd.: S. 32-35, vgl. Laplanche/Pontalis: S. 277, 302) In dem hier erörter-

sonderen - womit allerdings auch deutlich wird, dass der klassische Hollywoodstil des fiktionalen Spielfilms mit seiner „kodifizierten Transparenz" hier primärer Gegenstand von Metz Betrachtung ist (ebd.; s. Kap. 2.1.2).

Wenn Metz die Wahrnehmung des Zuschauers im Kino als „falsch" und imaginär beschreibt, zeigt sich daran auch implizit eine Grundannahme des semiologischen Zeichenmodells, die für den Poststrukturalismus zentral wurde: Unmittelbar mit de Saussures Konzept verbunden ist die Vorstellung der Arbitrarität oder Willkürlichkeit des sprachlichen Zeichens, wonach die Zuordnung von Signifikanten und Signifikat ausschließlich auf historisch geformter, gesellschaftlicher Konvention beruht; die Verbindung zwischen den Schriftzeichen und ihrer Bedeutung ist demnach nicht „natürlich", durch ein „inneres Band" bedingt, sondern ausschließlich durch eine für das Sprachsystem konstitutive Struktur differentieller Gegensätze erzeugt. Da es damit keine eindeutige, „reine" Bedeutung geben kann, und darüber hinaus der reale Referent als schon immer aus dem Zeichen „ausgeschlossenes Element" die Zeichenproduktion höchstens indirekt - als ein zu füllendes „Vakuum" - beeinflusst, ist es für poststrukturalistische Theoretiker wie Lacan oder Derrida unmöglich, die Realität mit sprachlich-symbolischen Zeichen zu erfassen. Die daraus abgeleitete unabschließbare (Selbst-)Verweisstruktur des Symbolischen wird auch von Metz explizit aufgegriffen. (Nünning: S. 27, 591f.; Laplanche/Pontalis: S. 487f.; Metz, 2000: S. 35) Inwiefern allerdings die völlige Arbitrarität des sprachlichen und schriftlichen Zeichens auch in der „Materie des kinematographischen Signifikanten" gegeben ist - und wie sich der Film als „reicher Text mit armem System" (s.o.) konstituieren kann, womit sich die Frage nach den differentiellen Gegensätzen als notwendig für die Bedeutungserzeugung stellt -, wird von Metz nicht diskutiert.

Metz beschreibt den Vorgang des „Spiegelns" im Kino jedoch in den früher angeführten Zitaten derart, dass der Schauspieler oder Gegenstand jeweils *seinen* Schein „entsendet", es ist *sein* Schatten, *seine* Nachbildung, die im Kino

ten Zusammenhang geht es Metz jedoch erklärtermaßen um den Signifikanten als grundlegende bedeutungstragende Einheit des Films.

wahrgenommen wird. Es scheint für Metz hier also implizit doch eine eindeutig identifizierbare *Relation* zwischen Aufgenommenem und Aufnahme, ein „inneres Band“ zu bestehen. Die nur scheinbare vorherige Existenz des Dargestellten wird von Metz zwar explizit in Bezug auf fiktive *Narrationen/Diegesen* als Effekt des Signifikanten beschrieben, die Frage nach der vorgängigen Existenz der aufgrund photographischer Reproduktion sichtbaren Dinge und Personen in seinen Ausführungen jedoch nicht thematisiert (ebd.: S. 43).[24] Mit dieser identifizierbaren, bzw. identifizierenden Relation ist ein Aspekt der Spiegelmetapher angedeutet, den André Bazin schon mehr als zwanzig Jahre früher, in seinem Aufsatz „Theater und Kino II“ von 1951 hervorgehoben hatte.

Unter der Überschrift „Der Begriff der Präsenz“ erörtert Bazin, inwiefern das fotografische und das filmische Bild durch die besondere Art der Reproduktion nicht wie andere bildliche Darstellungen von der Existenz des Objekts getrennt werden könnten (vgl. auch Kap. 2.1.1): Vor diesen neuen Technologien seien die bildenden Künste, insbesondere die Portrait-Malerei, das einzig mögliche Zwischenglied zwischen der konkreten raum-zeitlichen Anwesenheit von Personen und Gegenständen und ihrer Abwesenheit gewesen. Die Fotografie aber sei mehr als eine besonders detailreiche Ähnlichkeit zu den abgebildeten Gegenständen und Lebewesen: sie sei eine Art Abguss, eine Spur, und erziele so in gewisser Weise eine *Identität* (zwischen Gegenstand und Fotografie). (Bazin, 1975: S. 86) Die Reproduktionstechnik des Films ist für Bazin durch dessen zeitliche Dimension im Vergleich zur „Augenblicklichkeit“ der Fotografie noch weiter entwickelt:

> Der Film macht etwas sehr Paradoxes: Er nimmt sich die Zeit des Objektes zum Vorbild und stellt zudem den Eindruck [*l'empreinte*] seiner Dauer her.
>
> ... Seither ist es nicht mehr so sicher, daß es zwischen der Präsenz und der Abwesenheit keine Zwischenstufe mehr gibt. Der Ursprung für die Wirkung des Films liegt auch auf ontologischem Gebiet. Es ist falsch zu

24 Das Problem der narrativen/ diegetischen Rahmung des einzelnen Filmbildes (etwa als fiktional oder dokumentarisch), die den angenommenen ‚Realitäts-‘ oder ‚Wahrheitswert‘ des jeweiligen Bildes ebenfalls maßgeblich bestimmt, wird von Metz ebensowenig diskutiert.

> sagen, daß der Film völlig unfähig ist, uns ‚in die Präsenz' des Schauspielers zu versetzen. Er tut es in der Art eines Spiegels (dem man zugesteht, daß er die Präsenz desjenigen, der sich in ihm spiegelt, überträgt), aber eines Spiegels mit einer verzögerten Reflexion, dessen Beschichtung das Bild zurückhält. (ebd.: S. 86f. [1985: 151])[25]

Sowohl Metz als auch Bazin beschreiben mit ihrem Vergleich zum Spiegel also eine spezifische Art der Wiedergabe von Dingen und Personen durch den Film. Allerdings wird dieser Vergleich von beiden Autoren für nahezu konträre Argumentationen in Bezug auf den Status dieses Bildes sowie der Zuschauerwahrnehmung verwendet. Bazin schreibt dem Film die Fähigkeit zu, dem Zuschauer eine spezifische Präsenz *erfahrbar* machen zu können, die zwischen der konkreten physischen Anwesenheit und der Abwesenheit liege. Er begründet dies, indem er mit dem Vergleich zum Spiegel neben dem Detailreichtum vor allem die physische Beziehung von Bild und Gegenstand betont - als Reflexion (von Licht) die auf der Beschichtung des Filmmaterials eine Spur hinterlasse. Metz hingegen argumentiert, dass diese Wahrnehmungserfahrung einer Präsenz imaginär sei, und begründet dies mit der fehlenden Körperlichkeit des Filmbildes, das damit immer schon irreal sei - Metz beschreibt so den Status des Filmbildes als ein in gewisser Weise platonisch gedachtes *Abbild*, ähnlich dem Spiegelbild, welches auch bei Platon schon ein entsprechendes Beispiel darstellt (Spree: S. 235f.; Elsaesser/Hagener: S. 87). Metz behält damit die eindeutige Dichotomie von körperlicher Präsenz einerseits und Abwesenheit andererseits bei, die Bazin in gewisser Weise zu relativieren versucht[26] - diese Binarität stellt nicht zuletzt die Grundlage von Metz' semiologischer Betrachtung des Films mit der grundlegenden Annahme der unhintergehbaren Trennung von (zweiwertigem) Zeichen und (realem) Referenten dar, wohingegen Bazin die Frage der filmischen Bedeutungserzeugung gar nicht erörtert.

---

25 Quellenangabe des Originals in eckigen Klammern.

26 Bazins Beschreibung impliziert im Vergleich zu Metz eher ein Erfahrungs-Spektrum zwischen An- und Abwesenheit, das sich vielleicht etwa folgendermaßen darstellen ließe: Abwesenheit - (bildende Künste) - Porträt-Malerei | ‚ontologischer Sprung' | Fotografie - Film - (Fernsehen) - (Spiegel) - Anwesenheit/Präsenz (Theater). (vgl. Bazin, 1975: S. 86f.)

Auch wenn Metz selbst letztlich ebenfalls die Frage des ontologischen Status des filmischen Mediums verhandelt, formuliert er seine Kritik an Bazin nicht unmittelbar in Bezug auf dessen Verständnis des Films als „asymptotische" Annäherung an die Realität (vgl. Kap. 2.1.1), sondern über die Betrachtung der epistemologischen Reichweite von Bazins theoretischen Arbeiten. Metz wendet sich explizit gegen eine „idealistische Kinotheorie", deren Hauptvertreter Bazin sei, und deren zentraler Bezugspunkt die Phänomenologie darstelle. (Metz, 2000: S. 51f.) Damit verschiebt er die Diskussion von der Ebene der Betrachtung des ontologischen Status des Films, die sich in die „klassischen" epistemologischen Kategorien von Formalismus und Realismus einordnen ließen, auf eine reflexive Ebene, auf der die impliziten Grundannahmen der theoretischen Betrachtung des Films - insbesondere der als „naiv" verstandenen realistischen Anschauung - hinterfragt werden. Auch hierbei bleibt der Spiegel die zentrale Argumentationsfigur für Metz.

### 2.2.2 Die Spiegelung des Begehrens durch das Kino

Während Bazin über den besonderen Detailreichtum des filmischen Bildes hinaus von einem *Wissen* des Zuschauers um die automatische Reproduktion durch die Filmkamera ausgeht, und damit für die *besondere* Objektivität und Glaubhaftigkeit des Filmbildes argumentiert (Bazin, 1975: S. 24), versteht Metz die Wahrnehmung der Präsenz von Menschen und Gegenständen im Kino „... schon in seinem Prinzip von einer ungewöhnlich großen Irrealität geprägt" (Metz, 2000: S. 46), als *imaginär*. Für Bazin ist die Situation des Zuschauers im Kino sowie das Verhältnis des Zuschauersubjekts zu seiner Wahrnehmung vollkommen unproblematisch. Diese Annahme, die für Metz zwar zu präzisen Beschreibungen des Gefühls der kinematographischen „Wahrheit" oder „Realität" im Kino in Bazins phänomenologischen Ausführungen führe, liege jedoch in einer grundlegenden *Täuschung* des Subjekts begründet (Metz, 2000: S. 14, 52):

> Dort, wo die Phänomenologie dem Kino ähnelt, kann sie zu seiner Kenntnis beitragen (und sie hat dies auch getan), und dennoch muß die

> Illusion der *Wahrnehmungsbeherrschung*, die dem Kino *und* der Phänomenologie gemein ist, über die realen Bedingungen der Gesellschaft und des Menschen erklärt werden. (ebd.: S. 53)[27]

Die Darlegung dieser „Illusion der Wahrnehmungsbeherrschung" und der (Selbst-)Täuschung des Zuschauers im Kino stellt einen zentralen Aspekt der psychoanalytisch-poststrukturalistischen Filmtheorie von Metz in *Der imaginäre Signifikant* dar (vgl. Elsaesser/Hagener: S. 84), aus deren Perspektive er dann die „realen Bedingungen" des Kinos als gesellschaftliche Institution erörtert. Dabei dient ihm das Konzept des Imaginären als primärer Anknüpfungspunkt für die Anwendung psychoanalytischer Konzepte zunächst auf den Film und anschließend auf das Kino als Apparat, bzw. Institution.

Metz erläutert zu Beginn seiner Monographie, dass das Kino in zweierlei Hinsicht eine „Technik des Imaginären" darstelle: zunächst in einem - im vorigen Kapitel erläuterten - „gängigen" Sinn, dessen Ausarbeitung er insbesondere Edgar Morin in *Le cinéma ou l'homme imaginaire* zuschreibt, „... weil die meisten Filme fiktionale Erzählungen sind und weil der filmische Signifikant auf dem vorgängigen Imaginären der Photographie und der Phonographie beruht" (S. 13f.).[28] - Genau genommen lässt sich damit aber schon ein *mögliches* Imaginäres der filmischen Erzählung von einem *notwendigen* Imaginären des filmischen Bildes unterscheiden. Die zweite Bedeutung, die das Kino mit dem Imaginären verbinde, sei

> ... im Sinne Lacans, für den das Imaginäre, das dem Symbolischen gegenübersteht und dennoch eng mit ihm verwoben ist, die grundlegende Täuschung des *Ichs* bezeichnet, ... die dauerhafte Markierung durch den Spiegel, die den Menschen in sein eigenes Spiegelbild entfremdet und aus ihm das Double seines Doubles macht, ... das Begehren als reine Auswirkung des Mangels und als endlose Suche, den ursprünglichen Knoten des Unbewußten (die Urverdrängung). All dies wird ohne Zweifel durch die Spiele dieses *anderen Spiegels* reaktiviert, der die Kinoleinwand ist. (ebd.: S. 14)[29]

---

27 Hervorhebungen im Original.

28 Dass diese Interpretation von Morins Verständnis des Imaginären letztlich nicht haltbar ist, wird sich in Kap. 3.3.1 zeigen.

29 Hervorhebungen im Original.

Die folgende Darstellung wird versuchen, diese für Metz mit dem Lacan'schen Konzept des Imaginären verknüpften Aspekte und ihren Zusammenhang möglichst konzise zu erläutern.

Unmittelbar anschließend an die Beschreibung der zuvor erläuterten Eigenschaft des Films, Gegenstände und Lebewesen zu „spiegeln", beschreibt Metz nun einen für seine Theorie bedeutsamen Unterschied des Films zum Spiegel: „Obwohl sich wie in diesem alles spiegeln kann, gibt es etwas, das sich niemals darin widerspiegelt: der Körper des Zuschauers. Von einem gewissen Standpunkt aus betrachtet wird der Spiegel plötzlich blind." (S. 46) In Metz' Betonung dieses Umstandes und den daran anschließenden Ausführungen sehen Elsaesser und Hagener nun einen „... Schlüsselmoment für diese filmtheoretische Etappe" (S. 84); denn an dieser Stelle greift Metz auf ein Modell der Ontogenese der Subjektivität zurück (ebd.: S. 89), das von Jaques Lacan beschriebene „Spiegelstadium" in der frühkindlichen Entwicklung - als die zuvor zitierte „dauerhafte Markierung durch den Spiegel".

Für das Kind zwischen etwa sechs und achtzehn Monaten, wenn es noch keine hinreichende motorische Kontrolle über seinen Körper hat, um seine Bedürfnisse selbst befriedigen zu können, sei der Spiegel der Ort der primären Identifizierung, der Ichbildung: Auf dem Arm der Mutter sehe sich das Kind im Spiegel als „... anderen Menschen und neben einem anderen Menschen" (Metz, 2000: S. 46). Durch die formhafte Ähnlichkeit der beiden Spiegelbilder und ihrer gleichzeitigen Differenz identifiziere sich das Kind „... mit dem Spiegelbild des eigenen Körpers, das aber nicht sein eigener Körper ist. Das Kind identifiziert sich mit sich selbst als einem Objekt" (ebd.). Die so vom Kind gesehene äußere Kohärenz seines Körpers, durch die es sich als vollständig und abgeschlossen wahrnehme, und die die spätere muskuläre Einheit vorwegnehme, sei damit imaginär - für Metz umso mehr, als dass er das Spiegelbild selbst schon als grundlegend irreal versteht - jedoch andererseits für die Ichbildung notwendig. Das auf diese Weise geformte „Ideal-Ich", das die Grundlage für alle späteren Identifikationen bildet, basiert demnach - als jene „grundlegende Täuschung des Ichs" - auf einer projektiven, wie auch narzisstischen Verkennung der Realität durch die libidinöse Besetzung des Ich. Andererseits aber stellt diese frühkindliche Selbstobjektivierung den ersten (und unumgänglichen) Zugang zum Symbolischen dar, den Eintritt in die symbolische Ordnung (nach Lacan auch das „Gesetz des Vaters"), und damit in die gesellschaftlichen Strukturen. (Metz, 2000: S. 46, 53, 55, 15f.; Elsaesser/Hagener: S. 85f.; Altman: S. 519f.; Laplanche/Pontalis: S. 474f., 228, 317f.)[30]

Die Grundlage für die Fähigkeit des Zuschauers, einen Film trotz seiner Abwesenheit auf der Leinwand verstehen zu können, besteht für Metz nun darin, dass die „... ursprüngliche Undifferenziertheit von Ich und Nicht-Ich überwunden ist", dass „... der Zuschauer die Spiegelerfahrung (im richtigen Spiegel) bereits gemacht hat und daher fähig ist, eine Objektwelt zu konstituieren, ohne sich zuerst selbst darin erkennen zu müssen", womit „... sich das Kino bereits auf seiten des Symbolischen ..." befinde (Metz, 2000: S. 47).[31] Dennoch müsse der Zuschauer sich immer identifizieren, damit der Film für ihn verständlich bleibe (ebd.). Anders gesagt kann der Zuschauer, Metz zufolge, nur dann transitiv *etwas* auf der Leinwand identifizieren - und damit als bedeutungstragend: als Signifikant -, wenn er *sich* zuvor oder zugleich intransitiv *mit etwas* identifiziert. Die Identifizierung mit menschlichen Formen (der Figur in fiktionalen, dem Schauspieler in a-fiktionalen Filmen) sei dabei nicht ausreichend, „... die psychoanalytische Beschaffenheit des kinematographischen Signifikanten schlechthin" zu erklären (ebd.). Letztlich, so Metz, identifiziere sich der Zuschauer im Kino zuallererst mit *sich selbst*: „... als Bedingung der Möglichkeit des Wahrgenommenen und daher als eine Art transzendentales Subjekt, das jeglichem *Es gibt* vorausgeht" (ebd.: S. 49).[32]

---

30 In seiner Zusammenfassung des Spiegelstadiums betont Altman, die Idee des Spiegels dürfe nicht wortwörtlich verstanden werden, Lacan bezeichne damit jegliche transitive („Spiegel"-)Situation, in der Kinder das Selbst nicht vom Anderen trennten, bzw. in der (allgemeiner gefasst) das Individuum das Imaginäre mit dem Realen verwechsele. (Altman: S. 520, 522) Metz jedoch greift das Konzept hier durchaus wortwörtlich auf.

31 „Die wirklich erste Identifizierung, die im Spiegel, formt das Ich, im Gegenteil dazu setzen alle anderen voraus, daß es bereits geformt ist und sich gegen das Objekt oder den anderen Menschen ‚austauschen' läßt." (Metz: S. 48)

32 Hervorhebung im Original.

Während diese selbstreflexive Identifizierung mit dem eigenen Blick in der Entwicklung des Subjekts eine sekundäre sei - mit dem „ursprünglichen" Spiegel als Ort der primären Identifizierung -, stelle sie jedoch die primäre *kinematographische* Identifizierung dar; die Identifizierung mit menschlichen Formen - den Figuren - sei entsprechend die sekundäre kinematographische Identifizierung. Sowohl durch den Identifizierungsvorgang, als auch durch den Zustand herabgesetzter Motorik und gesteigerter Wahrnehmung - des „gespiegelten" Filmbildes - im Kino sei die Zuschauersituation so in gewisser Weise vergleichbar zu der Situation des Kindes vor dem Spiegel. Andererseits seien sie aber auch durch die fehlende Reflexion des Zuschauers auf der Leinwand, und der damit verbundenen grundsätzlich symbolischen Konstitution des Kinos zu unterscheiden - die Wahrnehmung im Kino befindet sich immer schon auf Seiten des Symbolischen. (ebd.: S. 46f., 49, 55)

Einerseits sei so das *Wissen des Subjekts* im Kino ein sogar mehrfach verdoppeltes - ohne das kein Film möglich sei: Der Zuschauer wisse, dass er *Imaginäres* wahrnimmt, und dass *er selbst* der Ort ist, wo dieses *wirklich* (mit den Sinnesorganen) wahrgenommene, aber imaginäre Material *symbolisiert* wird (ebd.: S. 49). Damit sei der Film (als Fiktion) durch den Zuschauer bestimmt, da er nicht ohne das bewusste projektive Sehen und die introjektive Wahrnehmung des Zuschauers existiere. (ebd.: S. 50f.)

Doch andererseits weise die Apparatur (des Kinos) dem Zuschauersubjekt seinen Platz als „all-wahrnehmend" erst zu: Mit der monokularen Perspektive der Kamera (ähnlich der Malerei des Quattrocento) setze das Kino das „grundsätzlich getäuschte" transzendentale Subjekt erst in eine (scheinbar) „allmächtige Position"; an eine in der Institution vorgesehene Leerstelle gegenüber dem Fluchtpunkt. Indem sich der Zuschauer mit seinem Blick identifiziere, könne er nicht anders als sich auch mit der Kamera zu identifizieren, deren Standort den Fluchtpunkt bestimmt. (S. 48f., 51)

Damit greift Metz zurück auf eine „... ideologiekritische Lesart der Zentralperspektive, in der die monokulare Sichtweise von Kino und bildender Kunst dem Subjekt die Illusion einer transzendentalen Perspektive auf die Welt verschafft" (Elsaesser/Hagener: S. 87, 89) - welche allerdings durch

Baudry mit dem Rückgriff auf das platonische Höhlengleichnis in seinen Ausführungen zum kinematographischen Dispositiv noch radikaler vertreten worden ist (ebd.). Dies bildet wiederum den Kern der Kritik Metz' an den von ihm als phänomenologisch bezeichneten Kinotheorien, die zwar zum *Wissen* des Kinos beitrügen, selbst aber blind für „Täuschungen des Ichs" seien - man müsse sie „... auf den Kopf stellen wie das optische Bild des Films" (Metz, 2000: S. 52). Metz hebelt hier also das phänomenologische Wissen des Subjekts um die eigene Wahrnehmung im Kino mit dem Argument aus, dass sich das Individuum erst selbst - insbesondere in der Spiegelphase - als Subjekt konstruiere, und damit sowohl das scheinbar transzendente Subjekt, wie auch dessen Wahrnehmung fundamental von dem Allmachtsbedürfnis, als auch den Triebstrukturen des Individuums, bestimmt seien.

Die Kinoaktivität beruhe letztlich auf der „Leidenschaft wahrzunehmen", dem „Wahrnehmungstrieb". Dieser sei durch zwei der vier von Lacan als Partialtriebe differenzierten Sexualtriebe - die Freud noch nicht klar voneinander getrennt habe - bestimmt: dem „skopischen Trieb" - dem Wunsch zu sehen - und dem „Anrufungstrieb" - dem Wunsch zu hören. Im Gegensatz zu den rein organischen Bedürfnissen unterhielten diese Triebe keine feste Beziehung zu einem bestimmten (realen) Objekt der Befriedigung, sie könnten leicht sublimiert[33] oder aber verdrängt werden, ohne den Organismus durch einen Mangel unmittelbar zu gefährden. Mehr noch, gerade der die Distanzsinne ansprechende Wahrnehmungstrieb veranschauliche - anders als die Kontakt-, oder Nah-Sinne - die Abwesenheit seines Objekts eben durch die räumliche Distanz als ein immer schon „verlorenes", imaginäres, das - dem Voyeurismus entsprechend - *als solches* begehrt wird. Obwohl dieser Trieb naturgemäß einerseits darauf ausgerichtet sei, den Mangel zu beheben, sei er so gleichermaßen bestrebt, sich selbst zu erhalten - er bliebe immer mehr oder weniger unbefriedigt. (ebd.: S. 56ff.) Während der Orgasmus als Befriedigung der Sexualtriebe kurzzeitig die „Aufhebung der Trennung von

33 Nach Freud beschreibt die Sublimierung die Ablenkung der Sexualtriebe auf nicht sexuelle Objekte - vor allem durch künstlerische und intellektuelle Arbeit. Umgekehrt werden diese Betätigungen von Freud damit letztlich auf den Sexualtrieb als treibende Kraft zurückgeführt. (Laplanche/Pontalis: S. 478)

Objekt und Subjekt in der Phantasie" sei (also gewissermaßen als Rückkehr in die imaginäre Ordnung erscheint), führe der skopische Trieb allein „... nicht einmal zur kurz währenden Illusion des behobenen Mangels, des Nicht-Imaginären, der erfüllten Objektbeziehung ..." (ebd.: S. 58). Damit ist hier auch - gemäß der Differenzierung der Partialtriebe - die Annahme einer grundlegenden Trennung der einzelnen Sinne anhand ihrer unterschiedlichen Objektbeziehungen für Metz' Theoriebildung konstitutiv.

In Bezug auf den imaginären kinematographischen Signifikanten - als gewissermaßen imaginäres Objekt *par excellence* - stellt sich so „... das Begehren als reine Auswirkung des Mangels ..." (ebd.: S. 14) für Metz nun auf spezifische Weise dar: Im Theater etwa befinde sich das Objekt zwar auf Distanz, aber im gleichen Raum. Im Kino hingegen sei das Schauobjekt selbst abwesend, von vornherein unerreichbar, nie besitzbar, und damit unendlich begehrenswert. (ebd.: S. 58f.)

Die auf Selbsterhaltung angelegte Institution des Kinos - nicht nur als Kinoindustrie, sondern auch als „Denkmaschinerie" - ziele nun auf den Wahrnehmungstrieb und das Begehren des Zuschauers ab, indem es Dispositive einrichte, „... mit dem Ziel und der Wirkung, beim Zuschauer das ‚spontane' Begehren zu wecken, ins Kino zu gehen und dafür zu bezahlen" (ebd.: S. 16f.). Damit stehe die „äußere Maschine" der Kinoindustrie und die „innere Maschine" der Zuschauerpsychologie nicht nur in einem metaphorischen Verhältnis zueinander - indem die Filmindustrie die „Lust wahrzunehmen" widerspiegele -, sondern auch in einem metonymisch komplementären Verhältnis, in dem der zahlende Zuschauer Teil des Kapitalumlaufs sei. (ebd.: S. 17)

Auch das Verhältnis von Zuschauer und konkretem Kinoapparat - also einzelnem Dispositiv - besteht für Metz in einer Reihe von tatsächlichen und metaphorischen Spiegel-, Entsprechungs- und Verdopplungseffekten: etwa zwischen Zuschauerblick und Kamera, zwischen Kamera und Projektor, zwischen Filmstreifen und Leinwand, zwischen Leinwand und Netzhaut (S. 50f.).

> Die Apparate besitzen bekanntlich eine Reihe von Spiegeln, Linsen, „Lichtern", Zeitverschlüssen und Milchgläsern, durch welche das Lichtbündel dringt: eine andere, diesmal globale Verdoppelung, die die *Apparatur* zur Metapher (und gleichzeitig realen Quelle) des Denkvorgangs macht. ... Das Kino ist eine Kette zahlreicher Spiegel, eine zerbrechliche und zugleich robuste Mechanik: wie der menschliche Körper, wie ein Präzisionsinstrument, wie eine soziale Institution. Dies ist es tatsächlich alles zugleich. (ebd.: S. 51)[34]

Das Symbolische könne im Kino nur durch die damit verbundenen „... Spiele des Imaginären entstehen: Projektion - Introjektion, An- und Abwesenheit, Begleitphantasmen der Wahrnehmung usw." (ebd.), erst bei der *Analyse* des Aktes des Filmschauens zeigten sich „... mehrfach in sich selbst ‚verschlungene' Verschachtelungen der Funktionen des Imaginären, des Realen und des Symbolischen" (ebd.: S. 55).

### 2.2.3 Zusammenfassung der Spiegelmetapher bei Bazin und Metz

Nach diesen ausführlicheren Betrachtungen sollen die verschiedenen Bedeutungsebenen der Spiegelmetapher bei Bazin und Metz im Folgenden noch einmal kürzer zusammengefasst werden.

Auf einer ersten Ebene bezeichnet Metz das Filmbild als Spiegelung von Personen und Gegenständen. Diese Beschreibung findet sich auch bei Bazin – dieser betont den Aspekt der Spur, die das reale Geschehen auf dem Filmmaterial hinterlassen habe, und die nun zeitverzögert auf der Leinwand (zurück-)gespiegelt werde. Mit diesem ontologischen Bezug von Bild und Gegenstand begründet und rechtfertigt Bazin die Erfahrung einer Präsenz im Kino. Der Status der Wahrnehmung des Zuschauers, wenn dieser das Filmbild als realistisch empfindet, ist für Bazin damit wahr. Metz betont hingegen mit dem Verweis auf die körperliche Abwesenheit des Wahrgenommenen die Irrealität des gleichsam „gespiegelten" Bildes. Damit verbunden ist Metz' Verständnis des Filmbildes als Signifikant, das gemäß dem de Saussure'schen Zeichenmodell nur für ein mentales Signifikat, und nicht in Bezie-

[34] Hervorhebung im Original.

hung zum realen Referenten stehen kann. Dementsprechend ist die Wahrnehmung des Zuschauers, der annimmt Reales wahrzunehmen, für Metz falsch, imaginär.

Dieser Spiegelung des Filmbildes stellt Metz nun die - auf der gleichen Ebene gelagerte, jedoch vorangehende - imaginäre Selbstidentifikation des Kindes in der Spiegelphase gegenüber, um so die verkennende Annahme des Zuschauers, Reales zu sehen, zu erklären. Damit liegt sowohl die Fähigkeit, etwas auf der Leinwand erkennen zu können, als auch die imaginäre Wahrnehmung dieses Erkannten als real, in der Ontogenese des Subjekts begründet - die selbst durch die Fixierung von Bedürfnissen und Trieben des Individuums an seinem (irrealen) Spiegelbild, und damit durch eine narzisstischen Verkennung der Realität bestimmt ist. Andererseits muss dieser ontogenetische Entwicklungsschritt bereits vollzogen worden sein, das Subjekt muss sich bereits gebildet haben, um einen Film verstehen zu können - die Spiegelphase steht für Metz dabei letztlich als unhintergehbare „Demarkationslinie" der grundsätzlich getäuschten und selbstentfremdeten Ich-Identität. Auf der Grundlage dieser fundamentalen Selbsttäuschung können dann die „sekundären" Identifizierungen des Zuschauers mit den Filmfiguren in Aktion treten.

Das Dispositiv des Kinos „spiegelt" nun auf einer übergeordneten, die Kinosituation als Ganzes betreffenden Ebene einerseits die Wahrnehmungsmechanismen, den „psychischen Apparat" des Zuschauers durch seine konkrete dispositive Apparatur. Andererseits wird mit der reduzierten motorischen Aktionsmöglichkeit und einer gesteigerten, scheinbar ubiquitären Wahrnehmung die Situation des Kindes vor dem Spiegel „gespiegelt" - allerdings sozusagen diesseits der „Demarkationslinie" von imaginärer und symbolischer Ordnung -, es versetzt den Zuschauer so in einen regressiven Zustand, der dem Zustand einer früheren ontogenetischen Phase nahekommt.

Zuletzt spiegelt die gesellschaftliche Institution des Kinos insgesamt, die in ihrem Bestreben der Selbsterhaltung die entsprechenden Kinodispositive einrichtet, den voyeuristischen Wahrnehmungstrieb des Zuschauers; als ein Begehren, das beständig nach der Projektion „gespiegelter", imaginärer Objekte verlangt, das aber nie zu befriedigenden ist, weil es zu seiner Selbsterhaltung zugleich immer die Trennung von Subjekt und Objekt aufrecht erhalten muss.

Die Problematisierung und Analyse des Verhältnisses von Zuschauer und Film mittels psychoanalytischer Konzepte, die Altman, Andrew sowie auch Elsaesser und Hagener zufolge maßgeblich für den Wechsel von klassischen zu modernen filmtheoretischen Positionen war (s. Kap. 2.1.2, 2.1.3), lässt sich so auch mit einem veränderten Verständnis des Films als Spiegel, und mehr noch mit der Einführung weiterer metaphorischer Abstraktions-, oder Reflexionsebenen der Spiegelmetapher durch Metz beschreiben, wenn nicht nur das Filmbild, sondern auch das Kino - sowohl als Dispositiv als auch Institution - mit Spiegelverhältnissen charakterisiert werden. Durch diese Ausweitung kann diese Metapher als paradigmatisch für Metz' gesamten Theorieentwurf verstanden werden.

Trotz seiner Hinterfragung und Ablehnung des in den klassischen Filmtheorien idealtypisch konstruierten körperlosen Zuschauers, bzw. transzendenten Subjekts (vgl. Kap. 2.1.2) scheint Metz jedoch selbst in gewisser Weise einen - sozusagen in Opposition dazu stehenden - idealtypischen Zuschauer zu konstruieren: als ein immer in seiner (Selbst-)Wahrnehmung getäuschtes Subjekt, das darüber hinaus von den immer gleichen Ausprägungen seiner Bedürfnisse und Triebstrukturen bestimmt ist.

Gleichermaßen impliziert Metz mit seiner Argumentation, gekoppelt an die maßgebliche Unterscheidung von körperlicher An- und Abwesenheit des Wahrgenommenen und die symbolische Vermittlung einer imaginären Anwesenheit, in gewissem Sinn auch die Vorstellung einer idealtypischen - gewissermaßen sogar transzendenten - Realität, die letztlich erst durch die symbolische Vermittlung selbst erzeugt wird, und nach der sich der Zuschauer im Kino in seinem Begehren immer sehnt, sie aber gleichsam nie erreichen kann - und letztlich auch nicht will, um das Begehren als solches aufrechtzuerhalten.

Zudem gilt für Metz' theoretischen Entwurf, was Elsaesser und Hagener in Bezug auf Baudrys Apparatus-Theorie schreiben - die dieser im Anschluss an Metz (weiter)entwickelt hatte: „Problemtisch ist diese Theorie, insofern sie aufhört, sich für die filmischen Inhalte und Gestaltungstechniken zu interessieren." (Elsaesser/Hagener: S. 89, vgl. S. 87f.)

Vor dem Hintergrund dieser inhaltlichen, theoriegeschichtlichen und -historiographischen Aspekte der Spiegelmetapher soll nun Edgar Morins *Le cinéma ou l'homme imaginaire* anhand seiner Verwendung dieses Konzepts untersucht werden, um damit zu zeigen, wie sich dieser Theorieentwurf einerseits in eine bestimmte französische Theorietradition einordnen lässt, er aber andererseits sowohl die Probleme des rein Realismus-basierten Ansatzes von Bazin, als auch die genannten Schwierigkeiten von Metz' psychoanalytisch-semiologischer Betrachtungsweise umgeht.

# 3. Die Spiegelmetapher in Morins *Le cinéma ou l'homme imaginaire*

Das letzte Kapitel „Die halb-imaginäre Realität des Menschen" („La Réalité semi-imaginaire de l'homme") in *Le cinéma ou l'homme imaginaire* beginnt Edgar Morin mit den folgenden Worten: „Die Welt spiegelte sich im Spiegel des Kinematographen. Das Kino bietet uns das Spiegelbild [*le reflet*] nicht mehr nur der äußeren Welt, sondern auch des menschlichen Geistes." (Morin, 1958: S. 225 [Morin, 2007: S. 205])[35] Im Verlauf dieses abschließenden Kapitels seines Essais verdichtet Morin die Ergebnisse seiner sozio-anthropologischen Betrachtung der historischen Entwicklung des Kinematographen zum Kino, die er als Ganzes in Analogie zu einem Modell der Entwicklung des menschlichen Geistes setzt, immer wieder in der Figur des Spiegel(n)s. Aber auch das Filmbild selbst beschreibt Morin mit dem Vergleich zum Spiegel.

Im folgenden Kapitel 3.1 wird zunächst Morins Verwendung der Metapher des Spiegels zur übergeordneten Veranschaulichung der Interdependenz von Film und Geist gemäß seines evolutionären Modells der „genetischen Anthropologie" dargestellt. Daran anschließend werden die dafür relevanten theoretischen Bezugspunkte und Erörterungen Morins nachgezeichnet, angefangen bei der *affektiven Partizipation* (3.2). In den daran anschließenden Kapiteln werden dann mit der *Magie* (3.3), dem *Gefühl*, bzw. der Subjektivität (3.4) und der *Vernunft*, bzw. symbolischen Abstraktion (3.5) die verschiedenen Stadien oder „Polarisationen" innerhalb dieses Modells vorgestellt - in denen das Verständnis des photographisch reproduzierten Bildes als einer Spiegelung wiederum eine zentrale Rolle spielt.

---

[35] Alle Zitate Morins werden hier auf Deutsch angegeben, mit zentralen und mehrdeutigen, bzw. kritischen Begriffen aus dem Original in eckigen Klammern und kursiv. Dabei stammt die deutsche Übersetzung grundsätzlich aus der deutschen Ausgabe von 1958; bei problematischen (z.B. missverständlichen oder unzulänglichen) Übersetzungen der deutschen Ausgabe werden die betreffenden Stellen durch eigene Übersetzungen aus dem Original ersetzt, die in eckigen Klammern mit zusätzlichem Vermerk angegeben werden. In den Quellenangaben verweisen die Angaben in runden Klammern entsprechend auf die deutsche Ausgabe (Morin, 1958), die Angaben in eckigen Klammern auf die französische Ausgabe (Morin, 2007).

## 3.1 Das Kino als Spiegelung der „Onto-Phylogenese" des menschlichen Geistes

Einige Seiten nach den soeben angeführten einleitenden Sätzen seines letzten Kapitels konkretisiert Morin sein Verständnis des menschlichen Geistes: „Der Film spiegelt den geistigen Verkehr [*commerce mental*] des Menschen mit der Welt. Dieser Verkehr ist eine praktische und psychische Aneignung [*assimilation psychique pratique*] von Erkenntnis oder Bewußtsein." (1958: S. 230 [2007: 210]) Bedingt sei dieser „aktive Handelsverkehr mit der Welt " durch die *Partizipation(en)* als „... der gemeinsame Ort der ursprünglichen Energien, die zugleich biologisch, emotional, intellektuell sind" (ebd.: S. 230, 242). „Geist" wird in Morins Theorie somit nicht metaphysisch eigenständig und zeitlos, sondern als beständiger, biologisch fundierter, dynamischer Entwicklungsprozess des Bewusstseins gedacht. Dieser Prozess gehe hervor aus einem zugrunde liegenden, menschlichen Energie- und Bedürfnishaushalt und dem sich daran anschließenden praktischen und sozialen Beziehungsgeflecht zwischen Mensch und Natur, sowie den Menschen untereinander (ebd.: S. 232.). Der Mensch sei „...die Zusammenfassung und das Schlachtfeld der Kräfte, die alle lebenden Arten beseelen; er ist allen Anregungen der ihn umgebenden Welt aufgeschlossen, daher die unendliche Skala seiner Mimetismen und Partizipationen." (ebd.) Zum einen biophysisch-anthropologisches Grundphänomen, erscheint die Entwicklung der „Persönlichkeit" oder des „Bewusstseins" des Individuums zum anderen aber auch historisch, kulturell und sozial bedingt (ebd.: S. 232f., 236).

Morins Verständnis des menschlichen Geistes scheint damit grundsätzlich den philosophischen, kognitions- und geisteswissenschaftlichen Richtungen verwandt zu sein, die von Joerg Fingerhut, Rebekka Hufendiek und Markus Wild als „Philosophie der Verkörperung" zusammengefasst werden, und nach deren gemeinsamer Grundannahme

> ... sowohl die kognitiven als auch die geistigen Zustände und Prozesse von Lebewesen - insbesondere auch von uns Menschen - intrinsisch verkörpert und als solche wesentlich in eine Umwelt eingebettet sind. ...

> Der Geist selbst muss als etwas in den Körper und in die Umwelt Ausgedehntes verstanden werden. (Fingerhut, et al.: S. 9)

Zentral mit dieser Annahme verbunden sei die Bemühung, den „cartesischen" Denkrahmen, mit dessen Vorstellung des Geistes als einer metaphysisch eigenen, körperlosen Substanz oder Seinssphäre, und des Körpers als lediglich einem instrumentellen (wenn auch unmittelbaren) Objekt für diesen Geist, zu überwinden. Dabei basiere die Philosophie der Verkörperung insbesondere auf den Denkrichtungen der Phänomenologie und des Pragmatismus. (ebd.: S. 9ff., 21f.) Gerade phänomenologische Konzepte, in deren Zentrum die leibliche Fundierung der Wahrnehmung steht, spielen nun auch eine wichtige Rolle in Morins Beschreibung der Entwicklung des Geistes - insbesondere in seiner Darlegung der *Partizipation*, sowie in seiner Verwendung des Begriffs der *Coenästhesie* (s. Kap. 3.2 und 3.4.2; vgl. Fingerhut, et al.: S. 25ff.). Aber auch im Kern pragmatistische Gedanken, etwa die Beschreibung der Wortsprache als (adaptives) Werkzeug, oder allgemeiner die für jegliche (symbolische) Bedeutungserzeugung konstitutive, praktische Interaktion mit der physischen und sozialen Umwelt (die dabei gleichsam umgestaltet wird), finden sich bei Morin (s. Kap. 3.2, 3.5.1; Fingerhut, et al.: S. 33ff., 36f.; vgl. Morin, 1958: S. 238f.).

Gerade in dem Moment aber, in dem Morin die Spiegelung des menschlichen Geistes - der seinen eigenen Beschreibungen nach als ein grundsätzlich *verkörpertes* Bewusstsein verstanden werden muss - durch den Film, bzw. das Kino beschreibt, ergibt sich dabei eine maßgebliche Einschränkung:

> ... das Lichtspiel ist sozusagen eine Art Geistmaschine oder Denkmaschine [*une sorte d'esprit-machine ou de machine à penser*] ... , gleichsam ein Roboter [*un quasi robot*]. Es hat keine Beine, *keinen Körper*, keinen Kopf, aber sobald das Lichtbündel auf der Leinwand zittert, kommt eine menschliche Maschine in Gang. ... Wie ein Mixgerät zermahlt der Film die Wahrnehmungsarbeit. Vorkäuend ahmt er die psychischen Mechanismen der Annäherung und Aneignung nach. (Morin, 1958: S. 225f. [2007: 206])[36]

---

36 Eigene Hervorhebung.

Hier stellt sich die eigentümliche Beschaffenheit des Films (des Kinos) als sozusagen ‚körperlose Geistmaschine' in Morins Beschreibung am deutlichsten dar - der Film sei zwar ohne die geistige Arbeit des Zuschauers „... nichts weiter ... als eine Brownsche Bewegung auf der Leinwand, oder bestenfalls ein Trommelfeuer von vierundzwanzig Bildern in der Sekunde", andererseits aber sei der Film ein eigenes „Partizipationssystem", ein eigener „Psychismus", der sich mit dem Geist des Zuschauers zu „einem einzigen Dynamismus" vereinige (ebd.: S. 225f.; s. Kap. 3.4.3). In diesem Spannungsfeld von verkörpertem Geist oder Bewusstsein auf der einen, und reiner (körperloser) Lichtprojektion auf der anderen Seite bewegt sich Morins Erörterung des Films und des Kinos, ohne dass dies aber vollkommen aufgelöst werden würde (insbesondere in der Diskussion von Morins Verwendung des Begriffs der *Kinästhesie* wird dieser Umstand noch einmal deutlich werden, s. Kap. 3.4.2).[37]

Der Film spiegelt Morin zufolge in seiner Nachahmung des menschlichen Geistes nun nicht nur die psychischen Aneignungsprozesse eines spezifischen Zeit-, bzw. Lebensalters wider, sondern bilde in der Entwicklung vom Kinematographen zum Kino die historische Genese des menschlichen Geistes insgesamt nach (vgl. ebd.: S. 241). Gemäß seiner biologischen Grundlegung des Geistes greift Morin zur Beschreibung dieser Entwicklungen auf die evolutionsbiologischen Konzepte der Onto- und Phylogenese - die Entwicklung des Individuums respektive die Entwicklung der Art - zurück:

> Anthropologie, Geschichte, Soziologie haben einander gegenseitig zum Inhalt und führen einander immer wieder auf [dieselbe ganzheitliche Sichtweise oder genetische Anthropologie][38] zurück. Die Anthropologie des Films bildet sich notwendigerweise auf Grund seiner Soziologie und seiner Geschichte, einmal deshalb, weil der Film, als Spiegel der menschlichen Partizipationen und Realitäten, notwendig die Partizipationen und Realitäten dieses Zeitalters spiegelt, dann aber auch, weil wir die

---

37 Morin geht dabei nicht so weit wie etwa Vivian Sobchack, einen empirischen „Körper des Films" zu postulieren, oder den Film als „verkörperte Sicht" zu beschreiben und ihm dann auch konsequenter Weise eine unabhängige, eigenständige Subjektivität zuzusprechen (vgl. Sobchack: S. 4ff., 15, 164ff.).

38 Eigene Übersetzung.

> Entstehung des Kinos als einen onto-phylogenetischen Komplex betrachtet haben. Ebenso wie das Neugeborene die historische Entwicklung der Art nochmals zurücklegt, aber modifiziert durch die Determinierung eines sozialen Milieus - welches selbst wieder nichts anderes ist als ein Entwicklungsmoment in der Geschichte der Art -: ebenso beginnt die Entwicklung des Films von neuem die der menschlichen Geistesgeschichte, erfährt aber von Anfang an die Einflüsse des Milieus, das heißt die durch das Phylum erworbene Erbschaft. (S. 240 [218])

Dieser „onto-phylogenetische Komplex" der Entwicklung des Films und der menschlichen Geistesgeschichte als Entwurf einer „genetischen Anthropologie" dient Morin als heuristisches Modell für seine Untersuchung; es leitet gleichermaßen die Einbindung und Interpretation von sowohl anthropologischen und soziologischen empirischen Studien als auch von diskursiven und formalästhetischen Analysen, vornehmlich aus dem Bereich der Filmtheorie und -geschichte.

Mit der *Partizipation* wird im folgenden Kapitel zunächst der für dieses Entwicklungsmodell grundlegende psychische Prozess vorgestellt, bevor mit der *Magie*, dem *Gefühl* und der *Vernunft* die drei von Morin beschriebenen Entwicklungsstufen oder Polarisationen dieses Modells erläutert werden.

## 3.2 Die Partizipation

Als Dreh- und Angelpunkt innerhalb Morins Filmtheorie fungiert ein polymorpher (Wahrnehmungs-)Prozess, den Morin als emotionale oder affektive Partizipation [*participation affective*] oder den Komplex der Projektion-Identifikation bezeichnet. (1958: S. 99, 102 [2007: 94]) Dieser Prozess bedingt den grundlegenden Weltbezug und die allgemeinen Weltvorstellungen: „... sogar unsere elementarsten Wahrnehmungen, wie etwa die Vorstellung von der Körpergröße eines anderen Menschen, [werden] durch unsere Projektionen zugleich verwirrt und gestaltet ... ." (ebd.: S. 98 [92])

Die *Projektion* - als erklärtermaßen psychoanalytisches[39] Konzept - beschreibt Morin als einen Vorgang, in dem sich (generell zunächst unbewusst) Bedürfnisse, Bestrebungen, Begehren, Wünsche, Ängste, etc. nicht nur in immateriellen Träumen und Imaginationen äußern, sondern auch auf die Wahrnehmung von Lebewesen und Dingen übertragen - und die schließlich auch in künstlerischen Darstellungen manifestiert werden können. Die Stufen der Ausprägung reichen dabei vom automorphen Stadium, in dem eigene „Charakterzüge und Tendenzen" in andere Personen projiziert werden, über den Anthropomorphismus, bei dem andere Lebewesen oder auch materielle Dinge mit menschlichen Attributen belegt werden, bis hin zu einer rein imaginären Stufe: der Verdoppelung als halluzinatorische Projektion in ein Double von sich selbst, das sich schließlich qua Idealisierung und Allmachtsphantasien bis zur ‚Göttlichkeit' entwickeln kann. (ebd.: S. 30ff., 98f., 112, 131 [32f., 91f., 103])[40]

---

39 In der deutschen Übersetzung wurde „... nous emploierons ... la notion ... de projection, d'origine psychanalytique" allerdings aus unersichtlichen Gründen mit „... verwenden wir ... den Begriff „Projektion", der aus der Psychiatrie kommt" übersetzt (Morin, 1958: S. 30 [2007: 32]).

40 In der Weise, in der Morin den vielfältig und heterogen gebrauchten Begriff der Projektion definiert und verwendet, entspricht er allerdings eher einer allgemeineren, *psychologischen*, als der spezifischeren, *psychoanalytischen* Bedeutung (zumindest bei Freud), wo er grundsätzlich einen (pathologischen) Abwehrmechanismus beschreibt: Psychoanalytisch „... handelt es sich immer darum, etwas nach außen zu werfen, was in sich selbst zu erkennen oder selbst zu sein man *sich weigert*." (Laplanche/Pontalis: S. 399ff., 406, eigene Hervorhebung) Morin geht es hier aber offenkundig nicht um die Beschrei-

Die *Identifikation* (dt. auch „Identifizierung") verhalte sich unmittelbar komplementär zur Projektion; es „...projiziert sich das Subjekt nicht in die Welt, sondern absorbiert die Welt in sich selbst" (ebd.: S. 99, vgl. Laplanche/Pontalis: S. 219ff.) - damit wird die Identifikation von Morin als gegenläufiger Prozess zur Projektion verstanden. Entsprechend reichen die Ausprägungen hier von der Identifikation mit anderen Menschen - aus der ein mehr oder weniger starkes Hineinversetzen in den Anderen resultieren kann - zum Kosmomorphismus, in dem sich der Mensch als Mikrokosmos fühlt (und versteht), und bis zur „... ‚Besessenheit' des Subjekts durch die fremde Gegenwart eines Tieres, eines Hexers, eines Gottes" (Morin, 1958: S. 99). Obwohl mit gegenläufiger Bewegungsrichtung, so Morin, können Projektion und Identifikation letztlich nicht getrennt voneinander gedacht werden, sie bilden immer einen Komplex. Die zunehmende Vergegenständlichung [*réification*] der Projektion (und Identifikation) entspricht dabei der *Entfremdung*, als Objektivierung verarbeiteter psychischer Zustände, die dem Subjekt dann im Extrem als fremd, nicht mehr zu sich selbst gehörig erscheinen. (ebd.: S. 30ff., 98f., 112, 131 [2007: 32f., 91f., 103])

Als gleichermaßen Teil dieses partizipatorischen Wahrnehmungsprozesses führt Morin die „praktische" oder „objektive" Wahrnehmung an (ebd. S. 132ff.) - die in den späteren Evolutionsstufen des Geistes, *Gefühl* und *Vernunft* (s.u.), allerdings in einem dialektischen Spannungsverhältnis zu den eben genannten subjektiveren Partizipationen steht. Fundamental für diesen objektivierenden Aspekt der Wahrnehmung, bei dem die Dinge in ihrer eigenen körperlichen Stofflichkeit, als mit sich selbst identisch betrachtet werden, sei das Gesetz der Konstanz der Wahrnehmung, nach welchem die wahrgenommenen Erscheinungsformen von Gegenständen auf ein Durchschnittsmaß im Sehfeld, auf ihre *Gestalt*, zurückgeführt werden (ebd.: S. 134f. [124]):

> Die objektiven Dinge gehorchen nicht den Netzhautbildern, in welchen sie erscheinen, verschwinden, sich vergrößern und sich zusammenzie-

bung eines pathologischen, sondern eines allgemeinen und grundlegenden psychischen Vorgangs.

> hen, nicht den Ubiquitäten und Metamorphosen[41], sondern ihrer eigenen Essenz, ihrer eigenen Identität. ...
>
> Die Gestaltlehre [*la Gestalt*][42] hat uns gezeigt, daß Dimension, Form, Richtung und Stellung der Gegenstände im Gesichtsfeld weitgehend konstant bleiben, unseren Standpunktveränderungen, den unaufhörlichen Bewegungen unserer Augen, der Drehung des Kopfes, den veränderten Körperlagen zum Trotz. (ebd.: S. 134f. [123f.])

Diese *rationalen* - in ein Verhältnis zueinander und zu ihrer Umgebung gesetzten - Erscheinungsformen würden nun *real* genannt, sie entsprächen „... jenem ‚Standard' der Sicht, jenem psychischen Durchschnitt, den man reale Sicht nennt ...", sie seien die wichtigste Stütze der Realität (ebd.: S. 135, 132). Andererseits müssten die Objekte selbst - bzw. ihre Gestalt - zuvor erst aus allen möglichen Blickwinkeln „gelernt", angeeignet und verinnerlicht werden.[43] Für einmal vertraute Gegenstände sei deren Gesamtansicht dann vorgebildet, „*ready-made*", wie Morin es ausdrückt, so dass der betreffende Gegenstand aus einem einzigen Ansichtswinkel, oder auch aus mehreren Teilansichten ganz erkannt werden könne. (ebd.: S. 139f. [127f.]) Den Rahmen für diese „Entzifferung der Wahrnehmungswelt" bilde das jeweils gegebene homogene raumzeitliche Milieu mit seinen Gegenständen und Ereignissen (ebd.: S. 140). Die Gegenstände selbst seien bereits das Ergebnis von Abstraktionsprozessen, die gleichermaßen in der Partizipation angelegt seien, und mittels derer der Mensch „Bruchstücke der Natur" aus einer chaotischen, ungeordneten - „anthropokosmomorphen" (s. Kap. 3.3.1) - Weltwahrnehmung herausgreife, „... um sie in *Sachen*, das heißt in *Nützlichkeiten* umzugestalten ..." (ebd.: S. 175 [160])[44].

> Deshalb liegt der Keim der Abstraktion bereits in der Partizipation. Wenn das Kind den Gegenstand hin und her bewegt und zum Munde führt, so skizziert es bereits den Erkenntnisprozeß, der diesen Gegenstand von seiner Umgebung abstrahiert und der seine Konstanz und

[41] S. Kap. 3.3.1.

[42] Deutsch und kursiv im Original.

[43] Morin verweist hier auf Jean-Paul Sartres *L'imaginaire* (dt. *Das Imaginäre. Phänomenologische Psychologie der Einbildungskraft*) von 1940.

[44] Hervorhebungen im Original.

> Identität begründet. Umgekehrt liegt die Partizipation jedem Begreifen zugrunde. (ebd.: S. 205)[45]

Letztlich wiese all dies auf eine gemeinsame Wurzel von praktischen, rationalisierenden Wahrnehmungsphänomenen und subjektiven, „magischen" (imaginären) Empfindungsphänomenen in einem „psychischen Seh-Akt" hin. Dieser bilde den Schnittpunkt von Objektivierungen und Subjektivierungen, von Realem und Imaginärem, deren gemeinsamer Prozess die Projektion-Identifikation darstellt: Das Subjekt projiziere einerseits die rationalisierenden Strukturen, durch die der Gegenstand nicht mit dem Subjekt, sondern mit sich selbst identifiziert würde - bzw. mit einem Typ oder einer Gattung. Andererseits könne sich diese Sicht auch insofern vom organischen Sehen lösen, als dass besonders in Träumen und Erinnerungen eine Freiheit des Blickes bis zur Selbstbeobachtung außerhalb des eigenen Körpers erlebbar sei - dass also, anders formuliert, die Selbstidentität des Subjekts mit seinem Körper als relativ erlebt wird, eine Dissoziation stattfindet. So beruhe auch die halluzinatorische Selbstverdoppelung des Doubles letztlich auf komplementären psychologischen Rationalisierungen und imaginären Ergänzungen - als pathologischer Exzess oder „magische" Vergegenständlichung der alltäglichen (Durchschnitts-)Wahrnehmung. (ebd.: S. 142f. [130f.])

Die magische, die emotionale und die rationale (bzw. „praktische", „objektive") Wahrnehmung sind für Morin so durch die gleichen polyvalenten psychischen Prozesse bestimmt - bzw. stellen polare Aspekte im Wahrnehmungspektrum dar -, die in den verschiedenen Sichtweisen und Zeitaltern allerdings unterschiedlich stark voneinander differenziert und ausgeprägt

45 Obwohl in Morins Abhandlung insbesondere die Wahrnehmung der Distanzsinne, und hier wiederum vor allem das Sehen behandelt wird, sind in seinem Verständnis der Partizipation dennoch in gewissem Maße die anderen Sinne immer mitzudenken, wie sich im Zitat bereits abzeichnet; an anderer Stelle schreibt er auch: „Hin- und herdrehen und zum Munde führen: das sind die elementaren Vorgänge, durch welche Kinder an den Dingen ihrer Umgebung zu partizipieren beginnen ..." (ebd.: S. 114). Morins Verständnis der Integration der Sinne in einer ganzheitlichen Wahrnehmung - wie sie sich für ihn auch gerade im Kino zeigt - wird in Kapitel 3.4.2 mit dem dort erläuterten Begriff der Coenästhesie ausführlicher besprochen. Dennoch lässt sich vorweggreifend sagen, dass es für Morin im sichtbaren Bild nicht nur eine ausschließlich visuelle Wahrnehmungsdimension gibt.

seien: vom Zusammenbestehen von praktischer und magischer Sicht bei archaischen Völkern zu ihrer (scheinbar) unvereinbaren Trennung und ihrem Widerstreit durch den Bruch zwischen Magie und Wissenschaft. Diese Entwicklung - die entsprechend als Differenzierung der Attribute „real" und „imaginär" verstanden werden kann - wird von Morin als ein evolutionärer Prozess aufgefasst. (ebd.: S. 143ff.)

Mit *Magie, Gefühl* und *Vernunft* identifiziert Morin drei übergeordnete Beschreibungsdimensionen als „fundamentale Polarisationen" des menschlichen Geistes, mit denen er einerseits diachrone Evolutionsstufen beschreibt, die aber andererseits auch immer synchron - in unterschiedlich starker Differenzierung und Ausprägung - vorhanden sind. Auch wenn die Vernunft etwa auf einer späteren Entwicklungsstufe der Magie und dem Gefühl (dialektisch) entgegenzustehen scheine, seien sie doch grundsätzlich und ursprünglich miteinander verbunden und auch später niemals in ‚Reinform' vorhanden. (ebd.: S. 205)[46]

Mit anderen Worten: Magie, Gefühl und Vernunft bilden eine „... Einheit des Seelenlebens [*du psychisme*] im Urzustand ..." (ebd.: S. 204 [185]). Diese zunächst undifferenzierte Einheit wird von Morin jedoch selbst wiederum als „magisches" Stadium beschrieben: „Historisch ist die Magie das erste Stadium, die chronologisch erste Sehweise des Kindes oder der frühen Menschheit und in einem gewissen Maße des Films." (ebd.: S. 101)

46 Sein Modell reflexiv auf die eigene Betrachtung anwendend, weist Morin vereinzelt darauf hin, dass auch die eigenen Ausführungen grundsätzlich den beschriebenen Dynamiken und Aspekten unterliegen: „... Magie, Subjektivität, Emotionalität, ästhetische Wirkung ... Sind diese Begriffe nicht selbst schon vergegenständlicht, halb magisch in ihrer Bedeutung und in ihrer Anwendung?... Es ist absolut wichtig, sich klarzumachen, daß Magie, Emotionalität, ästhetische Wirkung keine Wesenheiten sind, sondern Momente und Modi des Partizipationsprozesses." (Morin, 1958: S. 129) Darin zeigt sich sowohl Morins in der Einleitung erwähnte Reflexion der eigenen Methodik, als auch der in Kap. 3.1 angeführte Versuch einer ganzheitlichen Sichtweise seiner „genetischen Anthropologie".

## 3.3 Die magische Weltsicht

### 3.3.1 Die Aspekte der Magie - (Welt-)Bilder und Imaginäres

*Die Doppelgängereigenschaft*

Das Double, bzw. der Doppelgänger entstehe in der stärksten Ausprägung der (Selbst-)Entfremdung, „... bei der Begegnung der größten Subjektivität mit der größten Objektivität, am geometrischen Ort der größten Verfremdung und des größten Bedürfnisses ..." (Morin, 1958: S. 30). In dieses „fundamentale Bild" des Menschen von sich selbst seien alle Sehnsüchte und Ängste projiziert, das „Ich" und das „Über-Ich"[47] - und insbesondere auch das Allmachtsbedürfnis nach Unsterblichkeit. Nicht nur auf sich selbst, sondern gemäß der Logik des Anthropomorphismus auf alle anderen lebenden und unbelebten Dinge ausgeweitet, entstehe im frühen archaischen Stadium eine Jenseitsvorstellung, die einerseits ein umfassendes Abbild der tatächlichen Umwelt darstellt, andererseits mit „magischer Allmacht" ausgestattet ist. (ebd.: S. 31ff.)

Als ein Ausgangsphänomen dieser idealisierten Selbst- und Weltverdoppelung sieht Morin - in Rückbezug auf Sartres *L'imaginaire* - das *geistige Bild,* ein als anwesend empfundenes Abbild abwesender Objekte in der Psyche, das gerade von archaischen Menschen, wie auch von Kindern nicht bewusst als eigentlich abwesend, sondern als objektiv gegenwärtig, real wahrgenommen werde - so dass Menschen in diesem Stadium beispielsweise noch nicht zwischen Traum- und Wachzustand unterscheiden könnten. In diesem geistigen Bild würden nun die subjektiven Bedürfnisse fixiert - die ihm umgekehrt aber gerade auch erst besondere Objektivität verliehen. Selbst wenn das geistige Bild als solches bewusst geworden sei, werde es als objektiver wahrgenommen, je höher die subjektive Wertigkeit sei. (ebd.: S. 28ff.)

> Die Welt der Bilder verdoppelt unaufhörlich das Leben. Das Bild und das Double sind in gegenseitiger Entsprechung eines des anderen Modell. Das Double ist das uns entfremdete Erinnerungsbild. Das Erinne-

[47] „Über-Ich" ist Morins Verwendung nach hier in der psychoanalytisch allgemeinsten Definition als verinnerlichte (auch kollektiv bedingte) Verbots- und Idealfunktionen zu verstehen (vgl. Laplanche/Pontalis: S. 541).

> rungsbild ist eine Vorform des Doubles. Eine echte Dialektik verbindet beide. Eine seelische Projektionskraft [*puissance psychique, projective*] erschafft ein Double aus jedem Ding, um es im Imaginären aufblühen zu lassen. Eine imaginäre Kraft verdoppelt jedes Ding in der psychischen Projektion. (ebd.: S. 36 [2007: 37])[48]

Das Imaginäre, das auf diese Weise Abwesendes in eine konkret wahrgenommenen Anwesenheit transformiert, sei „... der gemeinsame Ort des Bildes und der Einbildungskraft" (ebd.: 90). Anders formuliert wird das Imaginäre von Morin als der Bereich oder Pol der beständigen psychischen Verarbeitung von Wahrgenommenem (egal welcher Art), Erinnertem, (Wieder-)Erlebtem, etc. verstanden, wo all dies in besonderem Maße mit eigenen Sehnsüchten und Wünschen, Ängsten und Schrecken, etc. verbunden wird - in einer letztlich nicht zu differenzierenden Einheit von Innerem und Äußerem -, wodurch Erinnertes (als Wiedererlebtes) oder Imaginiertes in Extremfällen sogar eine scheinbar vollkommen objektive Aktualität und Gegenwärtigkeit erlangen kann:

> Mythen und Glaubensvorstellungen, Träume und Fiktionen entspringen der magischen Weltschau. Sie bringen den Anthropomorphismus und das Double in Tätigkeit. Das Imaginäre ist die spontane magische Praxis des träumenden Geistes. (ebd.: S. 89)

Die „Doppelgängereigenschaft" werde jedoch „... nicht nur in spontan entfremdete Vorstellungsbilder (Halluzinationen) projiziert, sondern auch in und auf stoffliche Bilder und Gestalten" - und gleichermaßen auch in alle Dinge (ebd.: S. 33). Das Double fixiere oder lokalisiere sich dabei jedoch insbesondere in Spiegelbildern, die durch physikalische Reflexion erzeugt sind (etwa im Wasser oder im eigentlichen Spiegel) oder aber in Schatten (dem eigenen wie auch anderen Schatten), als ein so als gegenwärtig erlebter „Mythos". (ebd.: S. 31, 34f.) Der Mensch habe seine „inneren Bilder" zudem schon seit seinem evolutionären Auftreten auch aktiv in Höhlengemälden, Skulpturen und anderen künstlerischen Darstellungen entfremdet, bzw. darin manifestiert, welche gleichzeitig zu ihrer imaginären Deformation auch ein realistisches Bestreben nach Formentreue aufwiesen. Dieses Bestreben habe sich

48 Zur Zitation siehe Fußnote 35.

bis zum künstlerischen Realismus der Gegenwart tradiert, dessen „ästhetische" Eigenschaft so letztlich den gleichen Ursprung wie die „Doppelgängereigenschaft" habe. (ebd.: S. 33, 243)

Grundsätzlich unterscheidet Morin in seiner Beschreibung von Bildern nicht durchgehend kategorisch zwischen geistigen und materiellen Bildern, und bei letzteren nicht zwischen natürlichen Bildern und Artefakten (also sowohl chemisch-physikalisch, als auch von Hand produzierte Bilder) - auch wenn er durchaus Diskontinuitäten in diesem Spektrum beschreibt. Seine Darstellung lässt sich zusammenfassend dahingehend verstehen, dass mit einer immer stärkeren Fixierung subjektiver Zustände am geistigen oder materiellen Bild - ohne dass diese Fixierungen als solche bewusst werden -, die *Qualität* dieses Bildes sich bis ins vollkommen real Wahrgenommene steigern kann; gleichermaßen befördert und ‚normalisiert' durch die Zunahme der Materialität sowie der wahrgenommenen *Gestalt*treue (über Höhlengemälde, bzw. Schatten und Spiegelbilder bis zur Photographie und dem Kino), so dass die Bilder insbesondere im Kino durch ihre Materialität außerhalb des Zuschauers auch für ein (rationalisierendes) Wachbewusstsein eine objektive Präsenz bekommen. (vgl. ebd.: S. 170ff. [158]; Kap. 3.3.2)

Ein weiteres Merkmal der magischen Weltsicht, in dem sich die Projektion-Identifikation, bzw. Partizipation äußere, sei der „Anthropokosmomorphismus" - Morin verwendet dieses Kompositum, da die Begriffe von Anthropomorphismus und Kosmomorphismus wiederum nicht voneinander zu trennen seien: „Der Kosmomorphismus, mit dessen Hilfe sich die Menschheit als Natur fühlt, entspricht dem Anthropomorphismus, durch den die Natur für die Empfindung mit menschlichen Zügen ausgestattet wird." (ebd.: S. 86) Als Beispiel nennt er etwa den Totemismus: Das Totemtier, als Verkörperung von Charakterzügen oder Eigenschaften, die als allgegenwärtig und universell wahrgenommenen werden, sei eine „kosmomorphe Fixierung" des Menschen, werde gleichzeitig damit aber anthropomorphisiert. Diese Ausprägung der Partizipation sei auch in gewisser Weise analog zu der von spielenden Kindern zu sehen, wenn diese sich selbst als das innerhalb des Spiels Dargestellte (Tiere, Maschinen, etc.) begriffen. Diese stellen für Morin jedoch nur Einzelbeispiele von letztlich allumfassenden „mikromakrokosmischen Analogien" dar: Der „kosmomorphisierte Mensch" verstehe sich als mikrokosmischer Spiegel der makrokosmischen, anthropomorphisierten Welt. Hierin zeigt sich somit am deutlichsten die von Morin postulierte undifferenzierte Einheit von Subjekt und Welt - und gleichermaßen von Geist und Materie - in der magischen Weltsicht. (ebd.: S: 86f., 76)

*Magische Raum-, Zeit- und Weltwahrnehmung*

Dieser Einheit in der magischen Weltsicht entsprechend wird das Universum Morin zufolge als ein *fluides* vorgestellt, in der die Welt beständigen Metamorphosen unterliegt: den Metamorphosen der Dinge, der Lebewesen, und vor allem auch den Metamorphosen der Menschen selbst, die insbesondere in der Vorstellung der Wiedergeburt in andere Lebensformen manifest werde (ebd.: S. 85). Die Idee der Wiedergeburt werde mit den durchlaufenen Initiationsstufen während des Lebens auch im Lebensgefühl selbst verankert: „... der Tod befruchtet das Leben, der Mensch befruchtet die Natur durch seinen Tod (Opfer) und legt die verschiedenen Stufen des Daseins mit Hilfe jener echten Wiedergeburten zurück, die Initiationen genannt werden." (ebd.) Gleichzeitig sei die Vorstellung der Wiedergeburt auf allen Stufen des Glaubens zum anderen auch mit der Vorstellung des Überlebens des Doubles in variablen Kombinationen symbiotisch vereinigt (ebd.).[49] Das „fluide Universum" wird von Morin zum anderen mit den Metamorphosen einer letztlich ungetrennten „Raumzeit" als „totale und einmalige Dimension" beschrieben (ebd.: S. 76): Auf der Zeitebene äußerten sich diese Transformationen in Ausdehnungen und Raffungen der Zeit, sowie im undifferenzierten Fluss von Vergangenheit, Gegenwart und Zukunft und ihrer ständigen Vermischung durch Erinnerung und imaginiertes Zukünftiges - wie es auch etwa in der wahrgenommenen Anwesenheit des Erinnerungsbildes bis hin zum Double deutlich wird. Die Metamorphose der Zeit lässt sich so auch als Externalisie-

[49] „Am häufigsten streicht das Doppelgänger-Gespenst noch eine bestimmte Zeitlang um die Lebenden herum und begibt sich dann erst zum Aufenthaltsort seiner Ahnen, von wo auch die Neugeborenen herkommen." (ebd.: S. 85)

rung des subjektiven Zeiterlebens verstehen (ebd.: S. 72), in einem Zeitalter, bzw. Lebensstadium, in dem (noch) keine externalisierte, objektivierte Zeitmessung existiert, bzw. der Zugriff darauf (noch) nicht möglich ist. Die Metamorphose des Raumes verhält sich unmittelbar komplementär dazu, insofern mit den Zeittransformationen gleichermaßen die Einheit des konkreten Ortes aufgehoben wird. Damit entstehe gleichsam eine zeitliche und räumliche Allgegenwart. (ebd.: S. 68–76) Diese *Ubiquität* von Raum und Zeit entspricht so letztlich auch der Vorstellung des Menschen als Mikrokosmos und der unmittelbaren Interdependenz zum Makrokosmos.

Zusammenfassend lässt sich die Magie bei Morin somit als Weltsicht verstehen, in der es keine kategorische Unterscheidung zwischen inneren, psychischen Prozessen mit ihren Manifestationen etwa in Erinnerungen und Empfindungen und der Wahrnehmung von äußeren Geschehnissen und Dingen gibt - deren jeweilige Differenzierung, bzw. Existenz immer nur eine unabgeschlossene, vorübergehende innerhalb eines totalen Weltverständnisses ist. Anders formuliert gibt es in dieser Weltsicht noch keinen Maßstab, nach dem wahrgenommene Phänomene als imaginär, bzw. irreal oder real bewertet und unterschieden werden.

Die Magie, so Morin, stelle den gemeinsamen Nenner, das gemeinsame *System* der Weltsicht von Kindern, archaischen Menschen, Neurotikern[50] und

50 Morin schreibt: „Seit Freud ist die Weltschau des Kindes oft neben die Weltschau des Primitiven [*du „primitif"*] und des Neurotikers gestellt worden." (ebd.: S. 87 [82]) - Ohne an dieser Stelle tiefer in die Diskussion einsteigen zu können, scheint es, dass dieses von Morin beschriebene psychische Stadium oder „System" - mit einem Unvermögen der klaren Differenzierung von Innen- und Außenwelt - allerdings weniger Freuds Verständnis der Neurose, als dem der Psychose entspricht: „Während bei der Neurose das Ich, das den Forderungen der Realität (und des Über-Ichs) gehorcht, die Triebforderungen verdrängt, kommt es bei der Psychose zuerst zu einer Ruptur zwischen dem Ich und der Realität, die das Ich der Herrschaft des Es überläßt; in einem zweiten Abschnitt, dem des Wahns, baut das Ich eine neue Realität auf, die mit den Wünschen des Es übereinstimmt." (Laplanche/Pontalis: S. 416, vgl. S. 325ff.) Dementsprechend gibt es bei der Psychose auch eine „... fehlende Einsicht in den krankhaften Zustand" (ebd.: S. 415). - Darüber hinaus wird hier aber die Frage aufgeworfen, inwiefern die „magische" Weltsicht, wie Morin sie beschreibt, eine dysfunktionale ist. Dies ist aber grundsätzlich zu Verneinen, so schreibt Morin an anderer Stelle etwa: „... die magische Schau [trübt] bei den archaischen Menschen nicht das praktische Sehen." (Morin, 1958: S. 125f.)

dem Traum dar - ohne diese jedoch darüber miteinander identifizieren zu wollen (ebd.: S. 87 [82]).

> Dieses gemeinsame System ist determiniert durch das Double, die Metamorphosen und die Ubiquität, das fließende Weltall, die gegenseitige Analogiebeziehung zwischen Mikrokosmos und Makrokosmos, den Anthropokosmomorphismus. Das sind aber genau die konstitutiven Wesensbestandteile der Welt des Films. (S. 87f.)

Diese Ausführung lässt sich jedoch in gewisser Hinsicht auch umkehren: Einige der bisher zusammengefassten Aspekte des Magischen, wie sie Morin ausarbeitet - insbesondere die „Metamorphose des Raumes" sowie die Ubiquität - werden von ihm nahezu ausschließlich am Beispiel des Films selbst expliziert.

### 3.3.2 Das Magische des Kinos - Spiegel-/Schattenbilder in Bewegung

*Die Photogenie*

Als erste „magische" Eigenschaft des Kinematographen, noch bevor dieser sich zum Kino weiterentwickelt habe, erörtert Morin die *Photogenie*. Mit diesem Begriff, der im Photogenen der Photographie seine Entsprechung habe, hatten diverse Autoren der frühen französischen Filmtheorie - Morin zitiert unter anderen Jean Epstein, Louis Delluc und Léon Moussinac - in den 1920er Jahren versucht, die Faszination des kinematographischen Bildes begrifflich zu fassen. (ebd.: S. 19, 21 [228, 233]) Mit ihren Bestimmungsversuchen des Photogenen als poetische oder sogar übernatürliche, phantastische Qualität in gewöhnlichen Dingen und Szenen, die nur der Kinematograph enthüllen könne; als besondere Eigenschaft dieses „Bildes des Lebens", durch die das Alltägliche sublimiert oder transfiguriert, das Wirkliche bis zur Magie verwandelt werde, hätten diese Autoren in ihrer gewissermaßen kindlichen Begeisterung dem Kinematographen letztlich eine „qualitätssteigernde Qualität" zugeschrieben - ohne dass damit eine weiterführende Einsicht formuliert worden sei. (ebd.: S 18ff.) Dennoch seien diese Beschreibungen nicht schlichtweg abzutun - die gemeinsame „photogene Eigenschaft" von Kinematograph und Photographie dient Morin als ein Ausgangspunkt seiner

Analyse (ebd. S. 21, 38): „Hier geht es darum, die kopernikanische Wendung zu vollziehen: die Eigenschaften, die der Photographie zu gehören scheinen, sind Eigenschaften unseres Geistes, der sich dort fixiert hat und den sie uns zurückwirft." (ebd.: S. 28)

Mit dieser „kopernikanischen Wendung" wechselt Morin somit die Perspektive von einer ontologischen Betrachtung des Mediums zu einer Betrachtung des menschlichen Geistes, dessen Grundmechanismen in Morins psychoanalytischer und gestaltpsychologischer Lesart mit dem Partizipationsprozess bereits dargestellt wurden. Genau genommen aber lassen sich beide Betrachtungsweisen bei Morin nicht kategorisch voneinander trennen: Das Maß, in dem sich der menschliche Geist am photographischen oder kinematographischen Bild „fixieren" kann, ist auch bedingt durch dessen Charakteristik, seiner Materialität und Formentreue. (vgl. ebd.: S. 171)

Sowohl die Wirklichkeitsempfindung, als auch die emotionalen (Erinnerungs-)Eigenschaften und die „latente Phantastik" der Photographie, „... die gerade in der Objektivität des Bildes beschlossen liegt ..." sieht Morin „... an einen latenten Doppelgängerwert gebunden ..." (ebd.: S. 39), also letztlich durch die Partizipation in ihren verschiedenen Ausprägungen bestimmt. So habe die Photographie trotz ihrer Eigenschaft, ein physisches Bild zu sein, dennoch eine spezifische psychische Qualität: „Die Photographie, abgesehen von der Farbe, ist reiner Widerschein, vergleichbar dem des Spiegels. Und genau in dem Maße, wie ihr die Farbe fehlt, ist sie ein System von Schatten." (ebd.: S. 38) Gerade diese Verschmelzung von Lichtreflex und Schatten(wirkung) prädestiniert die Photographie Morin zufolge für die „... elementare Neigung, die Schatten zu verleiblichen" (ebd.: S. 38), also Fixierungsobjekt psychischer Projektionen zu sein. Mit dem Auftreten des Farbfilms habe sich diese (ästhetische) Natur nicht grundlegend geändert, sondern lediglich in Richtung eines „reinen Spiegelreflexes" entwickelt. (ebd.: S. 44f.)

Auch wenn er die „universelle Magie des Spiegels" - und sogar mehr noch die der Schatten - als Lokalisierung des Doppelgängerphänomens heute nur noch residual in abergläubischen Vorstellungen (z.B. zerbrochene, verhängte

Spiegel), literarischen Verarbeitungen (etwa bei E.T.A. Hoffman oder Dostojewskij), oder eben jenen Bestimmungsversuchen der Photogenie gegeben sieht, stellt dies für Morin ein zentrales anthropologisches Grundmoment dar. (ebd.: 31f., 34f.) „Die [photogene Kraft, *vertu photogénique*][51] erobert das gesamte Spannungsfeld zurück, das zwischen dem Bild und dem Double, den subjektiven Empfindungen und den magischen Entfremdungen liegt." (ebd.: S. 53 [52])

Gleichermaßen sei dieser anthropologische Bereich, „... der von der Erinnerung ausgeht und beim Phantom endet ..." dadurch in der Photographie enthalten, dass sie in ihrer photochemischen Fixierung von Lichtreflex und Schatten die als real erlernten und identifizierten Erscheinungsformen wiedergibt, und damit die Erinnerung konkretisiere, bzw. Erinnerung und Photographie sogar miteinander identifiziert werden könnten (ebd.: S. 40, 132; vgl. Kap. 3.2). „Die Photographie ...", zitiert Morin aus Bazins Aufsatz „Ontologie des photographischen Bildes", „... mumifiziert die Zeit" (ebd.). Wie unterschiedlich ausgeprägt als auch grundsätzlich gesellschaftlich bedeutsam die damit erzeugte und wahrgenommene Präsenz von abwesenden Personen und Dingen in der Photographie sei, äußert sich für Morin in ihrer ubiquitären Verbreitung und Verwendung, beispielsweise zur Erinnerung besonderer Ereignisse (Reisen, Feste, Zeremonien, etc.), zum „Mitführen" von Familienmitgliedern oder Geliebten (ohne dass die Abbildung als solche betont würde), oder als Andenken an Verstorbene, in der sie auch die Funktion von Amuletten übernehmen könne. Am deutlichsten jedoch sieht Morin den „magischen" Aspekt der Photographie in okkultistischen Praktiken, wo die Photographie als tatsächliche Anwesenheit der dargestellten Person, und sogar eine Einwirkung auf diese möglich erscheint - es also, verallgemeinert formuliert, keine Trennung zwischen medialer Form und vermitteltem Inhalt gibt. (ebd.: S. 21-25 [25ff.])

> Alle diese Wirkungskräfte übergibt die Photographie dem Film unter dem Sammelbegriff der Photogenie. Und jetzt dürfen wir eine erste Definition wagen. Photogenie ist jene zusammengesetzte und einmalige

[51] Eigene Übersetzung.

> Wirkung von Schatten, Lichtreflex und Double, die es den Gefühlsgehalten des Vorstellungsbildes ermöglicht, sich auf das durch photographische Reproduktion geschaffene Abbild zu fixieren. (ebd. S. 41)

*Der Übergang vom Kinematographen zum Kino*

Während aber die Photographie durch ihre Materialität und Größe insbesondere der privaten Verwendung und Aneignung (bis hin zur Fetischbildung) angepasst sei, entspreche der Kinematograph mit seinen Bilddimensionen und der Flüchtigkeit der Projektion (also in seinem Dispositiv) vielmehr dem Kollektivschauspiel (ebd.: S. 42). Doch habe das kinematographische Bild trotz (oder auch gerade wegen) seiner geringeren Materialität durch die Bewegung „... eine gesteigerte Körperlichkeit erworben" (ebd.: S. 43f.): gerade die in Bewegung versetzten Erscheinungsformen erzeugten die Empfindung konkreten Lebens und objektiver Wirklichkeit - der Präsenz (ebd.: S. 133f. [121]). In Bezug auf diese ephemere und zugleich gegenwärtige Körperlichkeit erzeugende Qualität sieht Morin den Film - vor allem das noch schwarzweiße und kinematographische Bild - auch in einer evolutionären Traditionslinie von bewegten, phantastisch wirkenden Schattenbildern:

> ... angefangen bei den Höhlen Javas, über die der griechischen Mysterien und des platonischen Mythos, bis zu den dunklen Kinosälen finden sich, mit Leben und Faszination erfüllt, immer wieder die gleichen Schatten aus der Welt der Doppelbilder (ebd.: S. 44f.).

Dass gerade die „magische" Wirkung der Schattenbilder bei der Weiterentwicklung des Kinematographen zum Kino eine tragende Rolle spielte, entnimmt Morin dem Umstand, dass nicht zuerst die „realistische Treue"[52] des Films gesteigert worden sei - obwohl bereits bei der Weltausstellung von 1900 die notwendigen technischen Mittel für den Ton-, und den Farbfilm, wie auch zur Vergrößerung der Projektionsfläche bis zur umschließenden Kreisform (Cinecosmorama, Cinematorama) verfügbar gewesen wären. Stattdes-

52 Morin schreibt auch von einem „... getreueren und vollständigeren Widerschein der Dinge ..." mit Hilfe der jeweiligen technischen Mittel (S. 56); dies lässt sich mit Bazin als Fortführung der „asymptotischen" Annäherung des Films an die Realität, bzw. in Arnheims gestaltpsychologisch begründeten Begriffen auch als Annäherung von „Filmbild" und „Weltbild" verstehen (s. Kap. 2.1.1, Kap. 3.2).

sen hätten Georges Méliès in Paris und gleichzeitig G.A. Smith in Brighton im Jahr 1898 mittels einer späteren Schlüsseltechnik des Films, der Doppel- oder Mehrfachbelichtung, das Gespenst und die Doppelgängeraufnahme in den Film eingeführt. Diese bald weit verbreitete Technik sei keine zufällige Erscheinung gewesen, sondern habe eine „genetische und strukturelle Rolle" bei der Entwicklung des Kinos gespielt. (ebd.: S: 56, 59f.)

Noch entscheidender für die Entwicklung des Kinos sei aber Méliès' Entdeckung des Verwandlungstricks schon 1896 durch das (unbeabsichtigte) Anhalten der Kamera gewesen - als „Metamorphose" von Menschen und Dingen durch Veränderung des chronologischen Ablaufs des Kinematographen. Die Metamorphose stellt für Morin nicht nur den historisch ersten, sondern den entscheidenden Trick dar, der die Suche nach neuen Tricks und Verfahren einleitet, und damit auch den Grundstein für die Entwicklung der Montage legt. (ebd.: S. 64, 66f.)

> Schon Edison hatte davon geträumt, aus dem Film eine Art Spiegel für Kabarettszenen zu machen. Méliès ist aber mit beiden Füßen zugleich durch den ihm von Edison und den Brüdern Lumière vorgehaltenen Spiegel hindurchgesprungen und in der Welt eines Lewis Carroll gelandet. Die große Revolution war nicht nur das Auftreten des Doubles im magischen Spiegel [der Leinwand][53], sondern auch der Sprung durch den Spiegel hindurch. Wenn der Lumièresche Kinematograph ursprünglich und wesentlich Verdopplung ist, so ist der Film Méliès' ursprünglich und wesentlich Metamorphose. (ebd.: S. 65 [62f.])

Dieser „Sprung durch den Spiegel" markiert also den Übergang vom Kinematographen als ein Spiegel der Welt - der durchaus ein *magisches Objekt* sein kann - zum Kino als ein Spiegel des menschlichen Geistes - das über die potentiell magische Wirkung des Bildes (der *Photogenie*) hinaus selbst eine *magische Welt entwerfen* kann (s. Kap. 3.1, 3.3.1).

Letztlich seien alle Tricks von Méliès, die später zu elementaren technischen Mitteln der Kunst des Films geworden wären, zunächst auf eindeutig magische und phantastische Darstellungen ausgelegt gewesen (ebd.: S. 61,

[53] Eigene Übersetzung.

64): „Das Phantastische entsprang unmittelbar aus der [realistischsten][54] aller Maschinen, und die Irrealität von Méliès entfaltet sich ebenso offenkundig wie vorher die Realität der Brüder Lumière." (ebd.: S. 59) Doch umgekehrt hätten sich diese Tricks wiederum „... in der Folge zu technischen Mitteln des realistischen Ausdrucks ..." entwickelt (ebd.: S. 60). Zusammengefasst ist die Entwicklung dabei die von einer Verwendung der jeweiligen filmischen Effekte zur Darstellung von (überwiegend) magischen Phänomenen innerhalb der filmischen Diegese durch Konventionalisierung und „Abnutzung" hin zum Verständnis dieser Effekte als feste Bestandteile und ästhetische/syntaktische Mittel der medialen Ausdrucksform - wobei die magischen Darstellungsmöglichkeiten nicht völlig verloren, sondern in spezifischen Filmgenres aufgehoben werden (s. Kap. 3.4.3, 3.5.2).

Morin führt die Montage nun als die entscheidende Technik des entstehenden Kinos an, in die alle anderen technischen Mittel des Films konvergieren; von der Unterteilung in einzelne Einstellungen, über Kulissenaufbauten und Beleuchtung, bis zu den verschiedenen Überblendungstechniken. Während der Film des Kinematographen mit seinen Einzelaufnahmen „... eine einzige in Bewegung versetzte Photographie ..." gewesen sei, löse die Kunst des Kinos diese „wirkliche chronologische Folge" auf und füge sie zu einem rhythmisierten Kontinuum zusammen; nicht mehr gemäß der tatsächlichen Dauer, dem ursprünglichen Rhythmus der aufgenommenen Handlung, sondern gemäß dem Rhythmus der *Bilder* dieser Handlung. Auf diese Weise würde eine neue, „flüssige" Zeit erzeugt. (ebd.: S. 66f.)

Mit der Parallelisierung und Vermengung verschiedener Zeitebenen von Gegenwart und Vergangenheit etwa durch Flash-backs, der Dehnung von „Augenblicken intensiven Erlebens" und Raffung „leerer" Momente und Zeiträume durch z.B. Montage oder Blenden, oder auch durch Zeitlupe und Zeitraffer entstünde eine *gemeinsame* Zeit von Gegenwart und Vergangenheit (ebd.: S. 67–72). Dabei sei die Zeitform des Films jedoch nicht unmittelbare Gegenwart, sie sei „... vergangene Gegenwärtigkeit - vergegenwärtigte Vergangenheit" und damit eingebettet in das Spannungsfeld von Erinnerungs-

54 Eigene Übersetzung.

bild und Double; nicht zuletzt als „... Verlangen, sich gegen den Strom des Zeitablaufes zu bewegen ..." (ebd.: S. 70f.). Der Zeitablauf des Films entspricht so Morin zufolge der Zeitwahrnehmung des menschlichen Geistes, „... für den die Erinnerung an das Vergangene, das imaginiert Künftige und der erlebte Augenblick simultan gegenwärtig und miteinander vermischt sind... Diese Bergsonsche Dauer, dieses undefinierbare Zeiterlebnis, wird nun vom Film definiert." (ebd.: S. 72)

Gleichzeitig mit dieser „Metamorphose der Zeit" habe sich die „Metamorphose des Raumes" durch die Aufhebung der Einheit des Ortes und die Ubiquität der Kamera vollzogen, einerseits in diskontinuierlichen Einstellungswechseln - die vermittels Durchblenden in einer neuen Kontinuität den Raum komprimierten, bzw. Gegenstände, Lebewesen, Landschaften ineinander verwandelten -, andererseits in kontinuierlichen Fahraufnahmen aller Art (ebd.: S. 73ff.). Während die Zeit im Film, so wie der Raum, beliebig durchquerbar sei, habe der Raum ebenso die „umgestaltenden Kräfte" der Zeit bekommen (ebd.: S. 75). Somit sei „... der Film *ein System allesumfassender Ubiquität, welches den Zuschauer an jeden beliebigen Punkt der Zeit oder des Raumes versetzen kann*" (ebd.: S. 74).[55]

Die filmisch wiedergegebenen Dinge bekämen unter dem Einfluss all dieser Aspekte, die das filmische System bestimmen, und in Verbindung mit der anthropomorphen Projektion, eine neue Qualität (im Sinne der *Photogenie*) zugesprochen, eine (animistische) „Seele", wie es etwa von Balász, Epstein oder Pudowkin ausgedrückt worden sei - die „... Empfindung des Zuschauers neig[e] zu diesem Animismus"; der Film enthülle, Balász zufolge, das „anthropomorphe Gesicht jedes Dinges" (ebd.: S. 78f., 80f.). Umgekehrt aber - Morin zitiert wiederum Balász - erscheine das menschliche Gesicht in der Großaufnahme als latent kosmomorpher Spiegel der jeweiligen Zivilisation und des Fortschritts (ebd.: S. 82f.):

> Auf eine ... Weise ist das Gesicht Spiegel nicht nur der ihn [den Mann, PD] umgebenden Welt, sondern auch der Handlung, die sich *off*, draußen, das heißt außerhalb des Gesichtsfeldes der Kamera, abspielt. ... Das

55 Hervorhebung im Original.

> Gesicht ist ein Medium geworden: es bringt Seestürme, die Erde, die Stadt, die Fabrik, die Revolution, den Krieg zum Ausdruck. (ebd.: S. 82)[56]

In der Weise, wie dieser Beschreibung nach auch die sich unmittelbar abspielenden Ereignisse der Umwelt durch das Gesicht in der Großaufnahme vermittelt werden, lässt sich dies entsprechend als Ausdruck der affektiven Partizipation der dargestellten Figur oder des Darstellers verstehen, der durch den filmischen Kontext und die Gesichtsregungen suggeriert, und durch die affektive Partizipation des Zuschauers vervollständigt wird.[57]

Umgekehrt würden wiederum auch Landschaften oder Wetterlagen im Film dazu eingesetzt, in Verbindung mit musikalischer Untermalung (vgl. Kap. 3.4.2), Seelenzustände auszudrücken - als nicht vollkommen anthropokosmomorph gewordene Projektion-Identifikation. Diese Veräußerung von *Stimmungen* - bei der der metaphorische Vermittlungs- und Ausdrucksaspekt letztlich immer als solcher erkennbar bleibt - entspräche jedoch schon einem Moment der Zivilisation, in der Bedürfnisse und Gefühlsabläufe nicht mehr vollkommen magisch entfremdet und vergegenständlicht, sondern als Seele im Körper lokalisiert würden. (ebd.: S. 124, 100f.)

---

56 Hervorhebung im Original.

57 An anderer Stelle führt Morin auch den Kuleschow-Effekt an: „Zum Beweis der Intensität der filmischen Projektionen-Identifikationen zitieren wir das Experiment von Kuleschow ... . Kuleschow [ordnete] die gleiche ‚statische und völlig ausdruckslose' Großaufnahme [von Mosjukhin] nacheinander [vor] einem Teller Suppe, einer toten Frau, einem lachenden Baby [an]; die Zuschauer waren ‚hingerissen vom Spiel des Künstlers' und hatten den Eindruck, daß er nacheinander den Hunger, den Schmerz, die väterliche Zärtlichkeit zum Ausdruck bringe. Sicherlich besteht nur ein Gradunterschied zwischen diesen Projektionswirkungen und denen des täglichen Lebens oder des Theaters; wir sind daran gewöhnt, Haß und Liebe in den leeren Gesichtern zu lesen, die uns umgeben." (ebd.: S. 108 [100], eigene Übersetzungen in eckigen Klammern.) Morin beruft sich hier auf die Beschreibung des Experiments durch Wsewolod Pudowkin in dessen Artikel „Le montage et le son" in der Zeitschrift *Le magasin du spectacle n°1* von 1946. In der geläufigen Tradierung des Experiments wird von den Bildern eines Tellers Suppe, einer leicht bekleideten Frau und eines Sarges berichtet, und die dem Schauspieler Iwan Mosjukhin zugeschriebenen Empfindungen sollen entsprechend Hunger, Begierde und Trauer gewesen sein (vgl. Wulff: „Kuleschow-Effekt").

## 3.4 Gefühl und Ästhetik

### 3.4.1 Die ästhetische Betrachtungsweise und emotionale Partizipation

Auch wenn „magische" Rudimente im öffentlichen wie privaten Leben weiter bestehen blieben - insbesondere in Tabus, etwa von Geschlecht, Tod oder sozialer Macht -, sieht Morin die Evolution von Individuum wie Art[58] „... darauf gerichtet, das Universum zu entzaubern und die Magie zu verinnerlichen" (Morin, 1958: S. 101) - das Spannungsfeld der Partizipationen zwischen subjektiven Empfindungen und magischen Entfremdungen wird in Richtung einer inwendigen Seele verlagert; die magischen Dinge werden entmaterialisiert:

> Das rationale und objektive Bewußtsein treibt die Magie in ihre Höhle zurück. Gleichzeitig wird das „inwendige" und gefühlsmäßige Leben hypertrophiert. ... Das Stadium der Seele, der gefühlsmäßigen Entfaltung, folgt auf das magische Stadium. (ebd.)

Morin unterscheidet zwischen zwei Bedeutungen des Begriffs „Seele" [*âme*]: einerseits als „magische" (entfremdete, animistische) Seele, die auf das betrachtete Objekt übertragen werde (s.o.), andererseits im Sinne innerer Bewegungen und Empfindungen (ebd.: S. 78f. [2007: 74])[59]. Im Moment der „Seelenzivilisation", in der die Seele - gemäß der zweiten Bedeutung - zwar verinnerlicht werde, werde diese jedoch gleichsam hypostasiert und hypertrophiert. Im Rahmen seiner Untersuchung sei die Seele aber als Metapher zur Bezeichnung für die unbestimmten, undefinierten Empfindungen, Bedürfnisse und psychischen Prozesse zu verstehen (ebd.: S. 124f., 37 [114]).[60]

Morins Darstellung gemäß lässt sich die Seele im Zeitalter der Subjektivität als eine Abstraktion auffassen, die verdinglicht und als Kern der subjektiven Identität verstanden wird, und durch die das Subjekt seine Bedürfnisse und Stimmungen als mit sich selbst identisch wahrnimmt und nicht mehr voll-

---

58 Morin verwendet an dieser Stelle noch den Begriff der „Rasse" [*race*], wobei ersichtlich ist, dass dabei nicht spezifische Ethnien gemeint sind.

59 Zur Zitation siehe Fußnote 35.

60 Morin drückt dies auch in einem Wortspiel aus: „L'homme n'a pas d'âme. Il a de l'âme...", das sich nur unzureichend mit „Der Mensch hat keine Seele. Er hat Gefühl.../Er ist ein Mensch mit Seele..." übersetzen lässt. (ebd. S. 125 [114])

kommen und unumwunden in Dinge der umgebenden Welt projiziert (und sich gleichermaßen mit ihnen identifiziert). Diese Verinnerlichung vollzieht sich bis hin zur vollkommenen Trennung von psychischen und physischen Prozessen und der Hypostase der Seele als eigenem Seinsbereich.

Gleichermaßen wie die Menschen - polizeilich mit dem Personalausweis [*carte d'identité*] erfasst - würden auch alle Dinge in der bürgerlichen, aufgeklärten Gesellschaft schließlich vollkommen mit sich selbst identisch betrachtet werden: „Diese permanente Identität der Dinge mit sich selbst ist zugleich ihre Objektivität und ihre Rationalität inmitten einer Welt, die selbst rational ist, weil sie eine ist, mit sich selbst identisch und in ihren Grenzen beharrend." (ebd.: S. 135 [123], vgl. S. 185)

Obwohl die Magie auch im Bereich der gefühlsmäßigen Seele latent weiterbestünde und insbesondere in Momenten oder Phasen starker emotionaler Erregung wieder aufleben könne - erkennbar etwa in den photographischen Fetischbildungen (ebd.: S. 102f., vgl. Kap. 3.3.2) -, sei die Magie hier dennoch grundsätzlich

> ... umfangen, zersetzt, zum Stehen gebracht vom Klarblick des Bewußtseins. ... In dieser vermittelnden Zwischenzone, die in unseren fortgeschrittenen Zivilisationsformen so wichtig ist, wird die Magie von ehedem auf die Empfindung oder auf das ästhetische Moment zurückgeführt ... . (ebd.: S. 37f.)

Die ästhetische Betrachtungsweise - bedingt durch die historische Entwicklung der Zivilisation und entsprechend der des Geistes - sei die eines doppelten, zugleich partizipierenden und skeptischen Bewusstseins, dem die fehlende praktische Realität des Dargestellten immer bewusst bleibe; die ästhetische Haltung definiere sich entsprechend durch die Verbindung rationalen Wissens und subjektiver Partizipation. Damit sei ein Kunstwerk als Werk der Phantasie in diesem Zeitalter zwar eine Vergegenständlichung, eine (quasimagische) Entfremdung und Konkretion von Projektionen-Identifikationen seiner Autoren, aber gleichsam immer ästhetischer Art; als solches löse sich die „magische Kristallisation" für den Zuschauer wiederum in Gefühlswirksamkeit auf. (ebd.: S. 236, 176, 112) „Infolgedessen bleibt alles, was wir über die Magie des Films gesagt haben, innerhalb der allgemeinen Gesetze der Ästhetik." (ebd.: S. 113)

Einerseits verleihe ein „… erster und elementarer Prozeß der Projektion-Identifikation … den filmischen Bildern genügend Wirklichkeit, damit die gewöhnlichen Projektionen-Identifikationen in Tätigkeit treten können …" (ebd.: S. 105) - also als ein erster, impliziter Vorgang, durch den die auf der Leinwand tatsächlich sichtbaren „Spiele von Licht und Schatten" (ebd.) mit den Erscheinungsformen der „realen Sicht" und entsprechend als Dinge und Personen identifiziert werden, worauf ihnen dann gemäß der latenten Doppelgängereigenschaft eigene Realität und Körperlichkeit und sogar eine eigene (auch animistische) Seele, ein eigener Geist zugesprochen werden könne (ebd.: S. 135, 78f.; vgl. Kap. 3.3.1, 3.3.2). Andererseits habe das Publikum das kinematographische Bild letztlich nicht als wirklich real betrachten können, da auch etwa keine *praktische* oder *aktive* Partizipationsmöglichkeit oder -notwendigkeit gegeben sei: Man „… ‚empfand' nur den ‚Eindruck' der Realität." - von anfänglichen Unsicherheiten und Irritationen abgesehen: Morin führt unter anderem die vieltradierte Anekdote an, nach der Zuschauer bei der Projektion des einfahrenden Zuges durch die Gebrüder Lumière erschrocken aus dem Saal gelaufen sein sollen, doch auch dies seien höchstens kurze Episoden gewesen (ebd.: S.: 105f., 109). Umso mehr werde die Partizipation des Zuschauers, die sich in dessen „pseudohypnotischer" und „verhältnismäßig regressiver Situation" im dunklen Kinosaal nicht in Handlungen ausdrücken könne - auch nicht in einer Rückwirkung auf den Schauspieler wie im Theater -, eine innerliche, *emotionale*. (ebd.: S. 109ff.):

> Da sitzt er also, isoliert, und doch im Herzen einer menschlichen Umgebung, einer großen gemeinsamen Seelengelatine [*grande gélatine d'âme commune*], einer kollektiven Partizipation [*participation collective*], welche nur um so mehr seine individuelle Partizipation steigert. Gleichzeitig einsam und Gruppenwesen zu sein: zwei kontradiktorische und komplementäre Bedingungen, die der Suggestion günstig sind.[61] …

61 Diesen kollektiven Aspekt des Kinos spricht Morin nur vereinzelt an, ohne ihn weiter systematisch zu erörtern (der Begriff der „kollektiven Partizipation" taucht etwa nur an dieser Stelle auf); der Fokus seiner Untersuchung liegt hier insbesondere auf der Beziehung von Film und individueller Zuschauerpsyche - aber die Anwesenheit anderer im

> Der Zuschauer im dunklen Kinoraum ist ... ein passives Subjekt im reinsten Zustand. Er kann nichts tun, hat nichts zu geben, nicht einmal Beifall. ... Zu gleicher Zeit und in einem Augenblick geht alles in ihm vor, in seiner coenästhetischen Vitalempfindung [*coenesthésie psychique*], falls man so sagen darf. (ebd.: S. 111 [102])

### 3.4.2 Kinästhesie und Coenästhesie

Zur Erläuterung der ästhetischen Wirkung des Films als einer emotionalen greift Morin insbesondere auf die Verbindung von *Kinästhesie* und *Coenästhesie* zurück. Fast alle Mittel des Films, die maßgeblich für die Entwicklung des Kinematographen zum Kino waren, lassen sich Morin zufolge auf eine Modalität der *Bewegung* zurückführen; insbesondere Kamerabewegungen, Einstellungswechsel und Brennweitenveränderungen seien *kinästhetische* Kunstmittel, die – in gegenseitiger Potenzierung und von der Inszenierung unterstützt – der Rhythmisierung, Tempoveränderung, Intensivierung des zuvor einzelnen, statisch kadrierten, aber schon in sich bewegten kinematographischen Bildes dienten. (ebd.: S. 113ff., S. 66f.) „Der Kinematograph gab den Dingen ihre ursprüngliche Bewegung zurück. Das Kino bringt andere Bewegungen hinzu ... . Von nun an stürzen sich alle Machinationen der Kinästhesie auf die Coenästhesie. Machen sie *mobil*." (ebd.: S. 113f.)[62]

Diese beiden Begriffe der Kinästhesie und Coenästhesie, die Morin ohne weitere definitorische Ausführungen oder Quellenangaben verwendet, sollen im Folgenden kurz begriffsgeschichtlich erläutert und in ihrer Verwendung durch Morin diskutiert werden.

Bei dem Begriff der *Kinästhesie* – ursprünglich 1880 von dem britischen Mediziner und Neurologen Henry Charlton Bastian als „sense of movement", bzw. „Bewegungssinn" geprägt – lässt sich nach Peter Laßlop allgemein zwischen einem *physiologischen* und einem *psychologischen* Verwendungskontext unterscheiden. (Laßlop: S. 819)

Kinosaal stellt für Morin dennoch einen nicht irrelevanten Faktor der filmischen Partizipation dar, wie hier ersichtlich wird.

62 Hervorhebung im Original.

In der Physiologie des späten 19. und des 20. Jahrhundert sei *kinasthesis* oder *Kinästhesie* - in unterschiedlich weiten Begriffskonzeptionen - zur Bezeichnung der sensorischen Leistungen von Rezeptoren in Muskeln, Sehnen und/oder Gelenken verwendet worden (in der weitesten Begriffskonzeption werden auch die Rezeptoren des Labyrinths des Innenohrs hinzugezählt), die dem Zentralnervensystem Informationen über die eigenen räumlichen Körper-, Glied-, und/oder Gelenkstellungen und -bewegungen zur Überwachung und Korrektur von (willkürlichen) Bewegungsabläufen liefern. (ebd.: S. 819f., 822f., 824f.)

In der (v.a. US-amerikanischen) Psychologie ab dem frühen 20. Jahrhundert seien *kinästhetische Empfindungen* zum einen in verwandter Begriffsbedeutung als Teil der eigenen Körperempfindungen verstanden worden, die auch einen Großteil der durch Introspektion bewusst erlebbaren Eigenwahrnehmung ausmachten. Zum anderen aber sei im sich zeitgleich entwickelnden psychologischen Gegenstandsbereich des „motorischen Lernens" (der sich als deutlich erfolgreicher und einflussreicher habe erweisen sollen) die Effektivität *kinästhetischer „cues"*, bzw. *kinästhetischer Informationsmodi* im Vergleich zu visuellen, verbalen, etc., Informationen, bzw. Informationsmodi erforscht worden. (ebd.: S. 823f.) In diesem Bereich des „motorischen Lernens" erscheint die Kinästhesie somit als eine auch zur Körper*umwelt* in Beziehung stehenden Sinnesmodalität, durch welche die Umwelt erschlossen und erlernt, sowie Lerninhalt vermittelt werden kann - allerdings durch unmittelbaren Körperkontakt, unmittelbar angeleitete oder angeregte Körperbewegung und -ausrichtung, und nicht vermittels der Distanzsinne.

Zu diesen beiden Bedeutungskontexten lässt sich aber noch ein dritter, *philosophischer* hinzuzählen, in dem letztlich auch die Distanzsinne einbezogen werden, und zwar Edmund Husserls Beschreibung der *Kinästhesen* - wie in den anderen Kontexten ebenfalls grundsätzlich als eigenleibliche Empfindungen von Lage und Bewegung verstanden - innerhalb seiner Phänomenologie ab Anfang des 20. Jahrhunderts. Nach Husserl ist die Einheit der Kinästhesen, bzw. des *kinästhetischen Bewusstseins*, als Einheit „... der leiblichen Aktivitäten und Bewegungen, die mit der sinnlichen Wahrnehmung einhergehen" (Fingerhut, et al.: S. 26), die Voraussetzung für die Integration aller möglichen Einzelperspektiven eines Objekts zu einer Gesamtansicht, und für das Betrachten und Erkennen verschiedener Erscheinungen als Erscheinungen ein und desselben Objekts im Raum, insofern sie die räumliche Verortung des eigenen Körpers mit *all* seinen Sinnesmodalitäten im Raum, und in Relation zu den fraglichen Objekten gewährleistet. (ebd.: S. 25ff.) Dadurch, dass die kognitive Leistung *jeglicher* (äußerlichen) Sinneswahrnehmung hier nun in Abhängigkeit von der (innerlichen) Wahrnehmung der Lage und Bewegung des Körpers gedacht wird, bekommt die Kinästhesie bei Husserl eine grundlegende Bedeutung für den allgemeinen Weltbezug.

Diese letzte Bedeutung scheint Morins Begriffsverwendung am ehesten zu entsprechen, wenn er etwa schreibt:

> Hin- und herdrehen und zum Munde führen: das sind die elementaren Vorgänge, durch welche die Kinder an den Dingen ihrer Umgebung zu partizipieren beginnen, liebkosen und küssen die elementaren Vorgänge der Partizipation der Liebe... Solcher Art sind auch die Vorgänge, durch die der Film zur Partizipation anregt: kinästhetische Umkreisungen [*enveloppements kinesthétiques*] und Großaufnahmen. (Morin, 1958: S. 114 [2007: 105])

Mit der Beschreibung von Kamerabewegungen oder Einstellungsfolgen als „kinästhetische Umkreisungen" taucht allerdings das bereits in Kap. 3.1 angesprochene Problem des Films als ‚körperlose Geist- oder Denkmaschine' wieder auf. Und insofern der Film des Kinos Morin zufolge zwar einerseits die menschlichen Wahrnehmungsprozesse übernimmt, andererseits aber explizit ein äußerer und körperloser Mechanismus ist (ebd.: S. 141, 225f.), wird deutlich, dass Morin mit Kinästhesie hier letztlich nicht nur einen im Körper verankerten, spezifisch eigenleiblichen, innerlichen Lage- und Bewegungs*sinn* bezeichnet, sondern darüber hinaus eine allgemeine und auch äußerliche Bewegungs*wahrnehmung* (in der Übersetzung der griechischen Begriffsbestandteile: kinein=bewegen und aisthesis=Wahrnehmung, Sinn, sind letztlich beide Bedeutungen enthalten, s. Kaczmarek: „Kinästhesie / Kinästhetik") – so kann er, durchaus idiosynkratisch, auch filmische Mittel zur Erzeugung von visuellen und auditiven Bewegungs*eindrücken* (und nicht nur Empfindungen tatsächlicher Körperbewegungen) als kinästhetisch bezeichnen. Die grundlegende Funktion der Kinästhesie für die Erschließung der Umwelt, für die Mobilisierung und Steigerung der (affektiven) Partizipation, wird von Morin dabei allerdings besonders betont. Insbesondere bedeutsam ist die Kinästhesie für Morin dabei in ihrer Fähigkeit, auf die Coenästhesie des Zuschauers - die von Morin nun tatsächlich als rein eigenleibliche Empfindung verstanden wird - einzuwirken.

Der Begriff der *Coenästhesie* als lat. „sensus communis", dt. „Gemeinsinn", hat nach Thomas Leinkauf seinen Ursprung in Aristoteles' Erörterung der *koine aisthesis* als „... immanenter Konvergenz- und Einheitspunkt des gesamten Wahrnehmungsbereiches gewissermaßen als das sinnen-immanente Vermögen zur Einheit des Bewußtseins in der Vielheit z.T. gegensätzlicher Sinnesaffektionen" (Leinkauf: S. 623f.). Ausgehend von dem Postulat der von allen (oder zumindest mehreren) Sinnen gleichermaßen wahrnehmbaren „gemeinsamen Wahrnehmungsgegenstände" (*koina aistheta*) wie etwa *Bewegung*, Ruhe, Gestalt, Größe, (Viel-)Zahl und Einheit habe Aristoteles die mögliche Existenz eines „sechsten Sinns" zusätzlich zu den fünf Einzelsinnen diskutiert. Dieses separate Vermögen habe Aristoteles zwar zurückgewiesen, nicht aber die integrative Fähigkeit der Wahrnehmung. (ebd.: S. 622ff.)

In dieser Bedeutung sei der Begriff bis in die Spätantike hinein diskutiert worden. Daneben habe sich aber eine semantisch vielschichtige lateinische Tradition des „sensus communis" entwickelt, in der grundsätzlich auf eine „... vor-rational oder vor-philosophisch konsensfähige Apellinstanz abgezielt", und in der die spätere Common-sense-Philosophie vorweggenommen worden sei. (ebd.: S. 622, 629) Diese zweite Bedeutung verdrängte in der Philosophie der Neuzeit, so Astrid von der Lühe, dann im Rückgriff auf die römisch-stoische Tradition allmählich die erste, wahrnehmungstheoretische, und kulminierte in gewisser Weise im 18. Jahrhundert in der schottischen „Philosophie des Common sense", die auch die weitere Begriffsverwendung des „sensus communis", „Gemeinsinns", „common sense" oder „bon sens" innerhalb der Philosophie maßgeblich prägte. (Lühe: S. 639, 646f., 652f.)

Andererseits aber ist dem Heidelberger Psychiater und Philosophen Thomas Fuchs zufolge der Begriff der Coenästhesie um 1800 als „allgemeine Empfindung" oder „Gemein*gefühl*" in die medizinische Anthropologie eingeführt worden, um - in Abgrenzung zu den äußeren Sinnen - die eigenleiblichen Empfindungen in ihrer Gesamtheit zu bezeichnen, durch welche die Wahrnehmung des Körpers als des eigenen vermittelt wird. Dabei seien generalisierte *Gemeingefühle* (z.B. Wohlsein und Gesundheit, Antrieb und Lebenskraft, Müdigkeit, Krankheit) von lokalisierten Empfindungen (z.B. Atem- und Muskelbewegungen, Hunger, Durst, Geschlechtstrieb, Schmerzen) unterschieden worden. In diesem Verständnis resultierten die Empfindungen des Gemeingefühls, bzw. der Coenästhesie mit ihrem Lust- oder Unlust-Charakter seelisch vor allem in den verschiedenen *Stimmungen*. So sei die Coenästhesie dann auch zur Basis für das *Temperament* eines Menschen geworden, das wiederum als „... überdauernde, körperlich bedingte Disposition zu bestimmten Stimmungen ..." interpretiert worden sei. (Fuchs: S. 36f.)

Bis ca. 1850 sei dieses derart „... im cartesischen Niemandsland zwischen Seele und Körper ..." liegende, schwer zu klärende Konzept der Coenästhesie zunehmend von der bloßen Widerspiegelung physiologischer Prozesse abgelöst worden, so dass es schließlich eine eigenständigen Zwischensphäre bezeichnete: das leibliche Fundament der Einheit des Selbst, des Selbstbewusstseins (ebd.: S. 37, 39). Die Coenästhesie habe damit „... auch genetische Bedeutung für die seelische Entwicklung ..." erhalten, wenn sie als „ursprünglicher Sinn" verstanden wurde, „... aus dem sich die anderen Sinnesmodalitäten im Verlauf der frühkindlichen Entwicklung herausdifferenzieren" - in dieser Tradition sei der Begriff auch noch im 20. Jahrhundert verwendet worden (ebd.: S. 38.). „Der Begriff der Coenästhesie bezeichnet insofern ein elementares, noch rein zuständliches Erleben, im Sinn eines ‚pathischen', der Subjekt-Objekt-Spaltung vorausliegenden Weltverhältnisses." (ebd.) Umgekehrt seien aber auch alle (spezifischeren) Sinneswahrnehmungen in diesem Zusammenhang als grundlegend von den coenästhetisch induzierten Stimmungen abhängig beschrieben worden (ebd.: S. 37f.). In diesen Konzeptionen rücke der Begriff so letztlich (wieder) in die Nähe der aristotelischen *koine aisthesis*, der „... Fähigkeit der Seele zur Integration aller fünf Sinne zum gemeinsamen Anschauungsraum...". (ebd.: S. 38)

In einer eigentümlichen Zwischensphäre von Psychischem und Physischem angesiedelt, habe sich das Konzept der Coenästhesie allerdings in der Folge des Wechsels zum naturwissenschaftlichen Paradigma in der Medizin ab 1850 - mit dem auch das subjektive leibliche Erleben an Interesse verloren habe - nicht weiter behaupten können. Die verbliebene Leerstelle habe dann wiederum die Psychoanalyse zu füllen versucht, vor allem mit Freuds Auffassung der Ichbildung durch zunächst die narzisstische Beziehung der primären Libido auf den (physischen) Körper als ganzen, und der daran anschließenden weiteren Sexualentwicklung mit Zentrierung auf die orale, anale und genitale Körperzone. (ebd.: S. 38f.)

Vor diesem Hintergrund fügt sich der Begriff der Coenästhesie, verstanden als einerseits ein ursprüngliches, rein zuständliches Erleben, aus dem heraus sich Selbst-, Welt- und Sinnesvorstellung zuerst ausdifferenzieren, und andererseits als Integration der (bereits ausdifferenzierten) Sinnesmodalitäten (innerer wie äußerer Sinne) zu einer emotional wirksamen, in *Stimmungen* resultierenden Gesamtwahrnehmung, letztlich nahtlos in Morins anthropologische, psychoanalytisch-phänomenologische Argumentationslinie der evolutionär-biologischen Grundlegung des Geistes ein, und lässt sich auch unmittelbar als Aspekt des von Morin beschriebenen Partizipationsprozesses verstehen.

### 3.4.3 Die Bewegung und die gegenseitige Anpassung von Kino und Zuschauerwahrnehmung

Wenn die Bewegung des Films im Kino nun als Kinästhesie die Coenästhesie des passiven Zuschauersubjekts mobilisiere, erzeugt sie Morin zufolge auf der einen Seite eine Realitäts*empfindung*, auf der anderen - dem ästhetischen Bewusstsein entsprechend - Seelenzustände, *Stimmungen* (Morin, 1956: S. 146f., 111, 115): „Sie ist dermaßen an die biologische Erfahrung gebunden, daß sie ebensowohl die innere Empfindung des Lebens bringt wie seine äußere reale Erscheinung." (ebd.: S. 147)

Gemäß der coenästhetischen Einheit der Sinne (von ihm auch als „Dialektik der Sinne" bezeichnet) beschreibt Morin - er zitiert dabei die Erfahrungsberichte verschiedener früher Autoren zum Kino -, dass die Bewegung und Inszenierung im Kino auch gewissermaßen synästhetische oder imaginäre Ergänzungen von sowohl angesprochenen wie nicht angesprochenen Sinnen bewirken könne, wenn in schwarzweißen Stummfilmen etwa die objektive und emotionale Qualität von Gegenständen mit einer Farbvorstellung verbunden sei, die Dialoge der Darsteller scheinbar wirklich zu hören seien, bzw. die Zuschauer in ihrer Erinnerung nicht mehr zwischen Stumm- und Tonfilm unterscheiden könnten, oder aber das flache, zweidimensionale Bild eine plastische Qualität bekomme (ebd.: S. 153–160):

> Wir machen uns eine Durchschnittswahrnehmung zurecht, ein Durchschnittsrelief. Auch hier strebt unsere Wahrnehmung danach, sich zu stabilisieren und die Konstanz zu wahren: das heißt Objektivität und die Rationalität. Dreidimensionalität und Körperlichkeit sind Schablonen unserer Wahrnehmung, die wir bei jeder passenden Gelegenheit anwenden. Das Kino ruft sie hervor und bedient sich ihrer. (ebd.: S. 158f.)

All diese Aspekte könnten (in variabler Ausprägung) allein durch die Suggestion des Bildes ausgelöst und als gegenwärtig empfunden werden - solange dies im betreffenden Moment selbst allerdings unbewusst bleibe. So habe ein graues, lautloses, aber bewegtes Bild - in Verbindung mit Musik - dreißig Jahre lang ein „... multisensorisches und multidimensionales Universum ..." rekonstruieren können. (ebd.: S. 153f., 159f.)

Speziell die Filmmusik, die auch im Tonfilm nicht obsolet geworden sei, stellt für Morin ein Bindeglied zwischen Film und Zuschauer dar, da sie kinästhetische Bewegung und coenästhetische Gefühlswirksamkeit in sich vereine, „gefühlswirksame Gegenwärtigkeit" sei - letztlich versteht er Film und Musik in einer strukturellen Analogiebeziehung zueinander, insofern beide eine Kontinuität aus der Diskontinuität der einzelnen Einstellungen respektive der einzelnen Noten aufbauten, als „... konkrete Fluidität geschaffen mit den abstraktesten Mitteln ..." (ebd.: S. 94). Die Bedeutung der Musik für beispielsweise den am Ende des Kapitels 3.3.2 beschriebenen, latenten Anthropokosmomorphismus des Films sieht er auch in den Titeln der Partiturkataloge von Begleitmusiken für Stummfilme reflektiert, wenn etwa ein mit „Gewitter" betiteltes und vielfältig eingesetztes Stück sowohl zu Natur- oder technischen Katastrophen, als auch zur Betonung der Verzweiflung von Figuren passe - womit sich die „... anthropokosmomorphe Äquivalenz von äußerem und innerem Drama ..." zeige (ebd.: S. 93f., 115). Die Verbindung von Filmbild und Musik sei derart ausgeprägt, dass beispielsweise ein musikalisches Motiv oder Thema beim Zuschauer Erinnerungsbilder an vorangegangene Szenen hervorrufen könne - ohne dass diese mittels Flash-back oder Doppelbelichtung wieder gezeigt würden -, oder aber, beim erneuten Ansehen von Stummfilmen ohne Musik, diese nach einer Anpassungsphase dennoch „gehört" werden könne, wiederum durch die Coenästhesie bedingt (ebd.: S. 95). Hier deutet Morin neben der Anpassung des filmischen Mediums an die Zuschauerwahrnehmung also auch einen umgekehrten Gewöhnungs- und Aneignungseffekt der Zuschauerwahrnehmung an das filmische Medium an.

An anderer Stelle führt er die Aneignung des Mediums durch den Zuschauer expliziter aus: während Ton, Farbe oder Breitwand keine „Urbedürfnisse" des Kinos gewesen seien (vgl. Kap. 3.3.2), sei zumindest der Ton (Mitte der 1950er Jahre) schon beinahe allgemein durch Gewöhnung zum Bedürfnis geworden, während die Farbe darin begriffen sei, und es der Breitwand unmittelbar bevorstehe (ebd.: S. 161).

> Das Kino entlastet nun den Geist des Zuschauers von einem Teil seiner Aufgaben: es erzeugt den Ton an seiner Stelle. Der Tonfilm bestärkt uns in einer Wahrnehmungsträgheit, indem er eine neuartige Wahrnehmungslust hervorbringt. (ebd.)

Die sich an dieser neuen „Wahrnehmungslust" zeigende „ausgleichende Äquivalenz der Wahrnehmung" und stabilisierende Funktion des Geistes, die einen anfänglichen sensorischen Überschuss sukzessive abschwäche, so dass sein Fehlen dann schließlich auch als Mangel erfahren werde, entspräche der grundsätzlichen Relativität der menschlichen Bedürfnisse und einer normalen Entwicklung, in der ein anfänglicher Luxus durch Gewohnheit, Vergnügen und Bequemlichkeit zum Bedürfnis, oder sogar elementarsten Anspruch werde (ebd.: S. 161f.).

### 3.4.4 Das Kino als Partizipationsmaschine und die Skala der Genres von Real bis Imaginär

Mit der Erzeugung von Phantasiewelten in gegenseitiger Bedingung von Realitätseindruck und emotionaler Wirksamkeit habe sich das Kino aus dem Kinematographen durch die „... Umformung einer Technik der Wirklichkeitswiedergabe in eine Technik der emotionalen Befriedigung ..." entwickelt (ebd.: S. 129). Es habe sich allen subjektiven, emotionalen wie rationalen Bedürfnissen angepasst - nicht zuletzt auch einem Bedürfnis „... seine Grenzen zu vergessen, völlig an der Welt zu partizipieren ...", also gewissermaßen die subjektive Selbstidentität und die raum-zeitliche Selbstverortung im eigenen Milieu graduell aufzuheben - und zwar nicht nur zugunsten einer Identifikation mit filmischen Charakteren[63], sondern zugunsten einer polymorphen, bzw. anthropokosmomorphen Partizipation an der gesamten Welt des Films. Dies zeige sich insbesondere anhand sogenannter „Evasionsfilme" - allerdings sei dieser Vorgang im Kino immer nur partiell und zeitlich begrenzt, nicht uneingeschränkt und überdauernd gemäß der magischen Weltsicht. (ebd.: S. 129, 120ff., 184; vgl. Kap. 3.3.1)

> Diese Flut von Bildern, Gefühlen, Erregungen bildet einen „Ersatz"-Bewußtseinsstrom [*courant de conscience ersatz*], der zu dem emotionalen und geistigen (coenästhetischen) Dynamismus [*dynamisme cenesthésique, affectif et mental*] des Zuschauers in gegenseitiger Anpassung steht. Alles

63 Zur Vielfältigkeit der Identifikationsmöglichkeiten mit Filmfiguren schreibt Morin: „Die Projektion-Identifikation des Zuschauers trifft eine Wahl zunächst unter Figuren, die er sich assimilieren kann, weil sie ihm ähnlich sind; doch schon das Beispiel der Stars, ja selbst dieses Wort, offenbart uns die unmöglichen, sternenweiten Abstände, welche die Identifikation zu überschreiten vermag. In der Tat ist das Identifikationsvermögen unbegrenzt. ... Es tritt nicht nur für den Helden ins Spiel, der mir ähnlich sieht, sondern auch für den Helden, der mir ganz unähnlich ist ... Es kann sogar für den Verbrecher, den Vogelfreien gelten ... Die Identifikation mit dem Ähnlichen und die Identifikation mit dem Wesensfremden werden also beide durch den Film erregt, und dieser zweite Aspekt sticht sehr scharf gegen die Partizipationen des realen Lebens ab..." (ebd.: S. 120)

> geht so vor sich, als entfaltete der Film eine neue Subjektivität, welche die des Zuschauers mit sich reißt, oder vielmehr, als ob zwei dynamische Ströme im Sinne Bergsons [*deux dynamismes bergsoniens*] sich wechselseitig beeinflußten und einander trügen. Genau diese Symbiose ist das Kino: ein System, dessen Sinn es ist, den Zuschauer völlig in den Fluß des Films hineinzuziehen. Ein System, dessen Sinn es ist, den Fluß des Films völlig in den psychischen Fluß des Zuschauers hineinzuziehen. (ebd.: S. 117 [107])

Entsprechend dieser Anpassung des Kinos an die Bewusstseinsprozesse und die Partizipationen der Zuschauer als eine „Projektions- und Identifikationsmaschine" habe sich das Kino in der Ausdifferenzierung seiner verschiedenen Fiktionstypen oder Genres anhand der jeweiligen, je nach Lebensalter, Gesellschaft, sozialem Stand, etc. variierenden, emotionalen und rationalen Bedürfnisse des Publikums entwickelt - anders formuliert, griffen die unterschiedlich gelagerten emotionalen und rationalen Bedürfnisse ineinander, um „Fiktionskomplexe" zu errichten. Jeder Fiktionstyp ließe sich so auch „... gemäß dem Widerstand oder der Hartnäckigkeit des Wirklichen in Beziehung zum Imaginären, das heißt letzten Endes gemäß seinem komplexen System glaubwürdiger Eindrücke und Partizipationen ..." definieren. (ebd.: S. 184f. [168f.])

Sei der Kinematograph noch die undifferenzierte Einheit von Realem und Irrealem gewesen - „... er war wunderbar, *weil* real, und real, *weil* wunderbar. Eine Illusion der Realität. Eine Realität der Illusion." (ebd.: S. 177, vgl. Kap. 3.3.2)[64] - habe sich mit Méliès eine erste Sonderung vollzogen: „Eine magische Welt geriet in Widerspruch mit der objektiven Welt." (ebd.) Anders formuliert, hat sich durch die „magischen" Tricks von Méliès - die nach Morin so gleichermaßen sowohl formalästhetisch als auch inhaltlich zentral für die Entwicklung des Kinematographen zum Kino gewesen sind (vgl. Kap. 3.3.2) - zum ersten Mal eine Differenzierungsmöglichkeit zwischen realistischen und phantastischen *Darstellungen* ergeben. Das Phantastische habe sich so in Opposition zum Dokumentarischen gesetzt, obwohl beide Filmformen letztlich jeweils voneinander abstammten. (ebd.: S: 178 [162])

---

64 Hervorhebungen im Original.

Jeder Film ließe sich nun letztlich auf einer Skala zwischen Phantastischem und Dokumentarischem einordnen. Schon das erste Kinoprogramm des Electric Theatre in Los Angeles vom 16. März 1902 - als erstem „eigentlichen" Kino - habe mit seinen Programmpunkten „Stierwettlauf - Präsident Piaz in Mexiko - Gulliver - Reise zum Mond - Reich der Feen" bereits die gesamte Spanne vom Realen bis zum Irrealen umfasst, deren Zwischenstufen nun alle möglichen Kombinationen erlaubt hätten. (ebd.: S. 177f.) „Zwischen diesen beiden Polen hat sich der Spielfilm, dieses typische Erzeugnis des Kinos, einen Bereich erschlossen, wo sich das Wahre, das Wahrscheinliche, das Idealisierte, das Phantastische, das Unglaubliche mischen und kombinieren." (ebd.: S. 178) - Morin betont, dass (zur Zeit seines Schreibens) gerade der fiktionale Spielfilm in bemerkenswerter Weise die international mit Abstand verbreiteteste Form sei, und ihm als Beispiel des „dialektischen Synkretismus von Real und Irreal" dient (ebd.: S. 184, 178).

Die Phantastik, die den „Kindheitszeiten" von sowohl der Kunst, als auch der Menschheit insgesamt entspräche, würde in der bürgerlichen Zivilisation insbesondere von Kindern unter zwölf Jahren bevorzugt, bevor ein Bedürfnis nach Rationalisierung und Objektivierung auftrete und das Phantastische damit abgelehnt werde. Darauf wiederum könne das Lebensalter folgen, „... das die Epochen überwindet, das heißt alle zusammen bewahrt ...", und dementsprechend allen Genres etwas abgewinnen könne. Morin beruft sich hier auf verschiedene, Ende der 1940er Jahre zu Film und Comics durchgeführte soziologische Studien. (ebd.: S. 185f. [169])

Die Geschichte des Films habe (ontogenetisch) diese Entwicklung wiederholt, obwohl er in einer Zivilisation entstanden sei, „... wo die Phantastik bereits in die *Children's corner* verwiesen war" (ebd.: S. 186)[65] - weshalb dieser Moment nur ein kurzer, ein gewissermaßen „embryogenetischer Vorgang" gewesen sei. So seien alle zunächst „magischen Trickwirkungen" bald zu Schlüsseltechniken des „Filmromans" geworden und die Inhalte der Filme vom Übernatürlichen zum Außergewöhnlichen oder Faszinierenden übergegangen - das Phantastische habe sich zur Phantasie oder Romanhandlung

[65] Hervorhebungen im Original.

entwickelt. So sei das Phantastische verinnerlicht und rationalisiert worden, und habe - je nach Genre verschieden - durch etwa Träume, Halluzinationen, Wahnsinn, Komik oder anderweitige, meist (narrativ) nachträgliche Erklärungen, welche die rationale Kausalität und Identität wiederherstellten, gerechtfertigt werden müssen (ebd.: S. 186ff. [168f.]): „Das wesentliche Merkmal der Romanphantasie ist die *Rationalisierung* der Phantastik. ... Je größer die Rationalisierung, desto realistischer ist der Film." (ebd.: S. 187f.)[66]

So beschreibt Morin auch die Entwicklung einer Differenzierung von Realem/Äußerlichem und Imaginärem/Innerlichem *innerhalb* der filmischen Weltentwürfe, der Diegesen.

66 Hervorhebungen im Original.

## 3.5 Symbolische Abstraktion und Vernunft

### 3.5.1 Der Symbolismus

Im vorletzten Kapitel seines Essais mit dem Titel „Geburt einer Vernunft - Entfaltung einer Sprache" betrachtet Morin nun die Ergebnisse seiner bisherigen Überlegungen mit (recht einfach und allgemein gehaltenen) zeichen-, bzw. symboltheoretischen Ausführungen - ohne dass er dabei explizit auf bestehende Symbol- oder Zeichentheorien verweist.[67]

Als symbolisch versteht Morin grundsätzlich alles, das etwas anderes oder mehr als sich selbst suggeriert, enthält oder offenbart. Die symbolische Abstraktion beschreibt er als eine sukzessive Trennung von Symbol und Symbolisiertem: sie beginnt für ihn bei einer sozusagen synekdotischen Relation, wenn Teile von ihrem Ganzen abgetrennt wurden - Morin nennt als Beispiele die Haarlocke, das Taschentuch oder das Parfüm, wenn diese, ursprünglich zu einem Menschen gehörend, diesen nun vergegenwärtigten -, und reicht bis zur analogischen Repräsentation - als „Bild" in jeder Bedeutung des Wortes, von der Photographie bis zur Metapher -, und bis zum rein konventionellen Zeichen, etwa politischen oder religiösen Emblemen. (ebd.: S. 193 [175]) Diese Symbole seien einerseits abstrakte Zeichen, insofern sie immer dürftiger seien, als das was sie symbolisierten, andererseits vermittelten sie „... nicht allein die Vorstellung, sondern die Gegenwart dessen ..., zu dem sie nur als Bruchstück oder als Zeichen in Beziehung stehen"; das Symbol sei gewissermaßen „konkrete Abstraktion" (ebd.). Das *Zeichen* stellt für Morin

67 Morins Verständnis des Symbols und des Symbolismus scheint am ehesten vergleichbar mit Ernst Cassirers Konzeption der Symbolischen Formen zu sein, insofern Cassirer, ähnlich wie Morin, zum einen die *sinnlich-materielle* Qualität des Symbols als Grundlage für die Fixierung, Veranschaulichung und Vermittlung geistiger Prozesse, bzw. Bedeutungsgehalte beschreibt, und zum anderen die grundlegende *Funktion* von Symbolen (im Gegensatz zu ontologischen Betrachtungsweisen und Definitionsversuchen) innerhalb kultureller Prozesse und für die Erfahrung, Erkenntnis, Erschließung und Aneignung der Umwelt betont, wodurch auch jeweils ganzheitliche Weltvorstellungen erzeugt würden - wobei für Cassirer etwa Mythos, Religion und Wissenschaft divergierende, und häufig konkurrierende Vorstellungen darstellen. (Nünning: S. 696f.) Bei Morin ist diese Ausdifferenzierung von Weltvorstellungen (als Magie, Gefühl, Vernunft) entsprechend eng verbunden mit der evolutionären Entwicklung der Verwendung von Symbolen, wie er sie auch in der Entwicklung des Kinos gegeben sieht.

umgekehrt den Pol der größten symbolischen Abstraktion dar, das seine emotionale Wirksamkeit verloren habe und dafür aber am Ende einer „intellektuellen Ontogenese" umso mehr eine Bedeutungsfunktion besäße und auch abstrakte Ideen vermitteln könne. Letztlich ließen sich die Begriffe von Symbol und Zeichen durch ihre Kontinuität jedoch nicht eindeutig voneinander trennen (ebd.: S. 196). „Der Symbolismus ist ein schwankender Komplex, wo die emotionale Gegenwärtigkeit im äußersten Falle magisch werden kann, wo die intellektuelle Bedeutung im äußersten Falle einen rein abstrakten Charakter annehmen kann." (ebd.)

Als Abstraktionsprozess und Vorgang der sukzessiven Bildung abstrakter Ideen sieht Morin den Symbolismus eingebettet in den in Kapitel 3.2 diskutierten, allgemeineren polymorphen Partizipationsprozesses, da auch schon die Identifikation von physisch anwesenden, mit den Kontaktsinnen erreichbaren Dingen - als ihre Heraustrennung und Hervorhebung aus einem Wahrnehmungshintergrund - bereits Abstraktionsprozessen in der Wahrnehmung unterliege. Der Partizipationsprozess stellt für ihn die allgemeine Grundlage des Weltbezugs, der Weltteilhabe und -aneignung dar, insofern die Partizipation einerseits mit der Projektion rationalisierender Strukturen der Identifikation von Gegenständen und ihrer Nutzbarmachung zugrunde liegt, wie auch andererseits der - gleichsam nicht davon zu trennenden - Fixierung subjektiver (emotionaler wie auch rationaler) Bedürfnisse an den identifizierten Objekten (s. Kap. 3.2).

Die *Intelligenz* sei letztlich eine praktische oder angewandte Partizipation, die die Wahrnehmung erweitere und verlängere, indem sie die eigenen Prozesse entfremde und vergegenständliche. Damit seien Symbole in all ihren Abstraktionsstufen essentiell in die sowohl zweckdienliche, rationalisierende, als auch magische Vergegenständlichung eingebunden - auch die Wortsprache, als ursprünglich subjektiver Ausdruck von Zuständen und Handlungen, sei letztlich die „eigene Substanz des Menschen", die zu Werkzeugen, zur zweckdienlichen Vergegenständlichung geworden sei. (ebd.: S. 204f., 210f. [185]) Anders formuliert ist der Symbolismus bei Morin als Verarbeitung, Veräußerung, Abstraktion und Nutzbarmachung des coenästhetischen Zusammenspiels von sinnlicher Wahrnehmung und subjektiven Empfindungen zu verstehen (vgl. Kap. 3.4.2). Auch die in Kapitel 3.3.1 angeführte Entfremdung oder Manifestation der „inneren Bilder" in etwa Höhlenmalereien erscheint damit als ein erster symbolischer Akt. Insgesamt zeigt sich gerade in dieser Beschreibung der symbolischen Abstraktion, dass Morin nicht von einer grundlegenden und kategorischen, sondern von einer evolutionären - auch insbesondere durch den Symbolismus bedingten -, allmählichen, und nie absoluten oder unumkehrbaren Trennung von Physischem und Psychischem ausgeht.

Auch das jeweilige Symbol ist so in den verschiedenen Betrachtungsweisen verschieden stark an die symbolisierte Sache gebunden - ob, bzw. in welchem Maße diese Bindung besteht, ob durch das Symbol die Empfindung einer unmittelbaren Präsenz hergestellt, oder aber als begriffliches Zeichen eine abstrakte Vorstellung vermittelt wird, liegt für Morin nicht allein in dessen jeweiliger Beschaffenheit, sondern maßgeblich in der jeweiligen Betrachtungsweise und Verwendung begründet:

> Es gehört zum Wesen des Symbols, daß es die Magie, das Gefühl, die Abstraktion in sich vereinigt. Im scholastischen, das heißt im magischen Sinne des Wortes ist das Symbol „realistisch" an die symbolisierte Sache gebunden. [Dann fixiert es] ihre emotionale Gegenwärtigkeit. [Schließlich] ist es ein abstraktes Zeichen, ein Mittel des Wiedererkennens und Erkennens. Das Symbol ist am Ursprung aller Sprachen, die nichts anderes sind als eine Verkettung von Symbolen zum Zwecke der Verständigung[, das heißt der] Vergegenwärtigung einer totalen Realität mit Hilfe von Fragmenten, Konventionen, Abkürzungen oder [Zugehörigkeiten]. (ebd.: S. 206 [186])[68]

Auch bei der Wortsprache sei ursprünglich nicht zwischen reiner Bezeichnungsfunktion, emotionaler Ausdrucksfunktion und der Funktion als magischer, „anthropokosmomorpher Zwischenträger" zu trennen, und auch heute sei die poetische und die wissenschaftliche Sprache, obwohl scheinbar unvereinbar, letztlich doch die gleiche Sprache, die zur praktischen Anwendung sowie zur Erzeugung emotionaler Wirkungen eingesetzt werden könne. (ebd.: S. 210) Man könne

68 Eigene Übersetzungen in eckigen Klammern.

> ... sich nicht darauf beschränken, die einfache, wenn auch friedliche Koexistenz des Traumhaften und des Verstandesmäßigen anzunehmen. ... Wenn der Film mit einer und derselben Bewegung zur Magie, zum Gefühl, zur Vernunft wird, dann gibt es offenbar eine tiefe Einheit von Gefühl, Magie und Vernunft. (ebd.: S. 204).

### 3.5.2 Die symbolische Abstraktion im Kino

Das einzelne photographische Bild, sowie die einzelne Einstellung (des statischen Kinematographen) versteht Morin als Symbole, insofern sie mit der Abstraktion einiger sichtbarer Formen Dinge erkennbar, identifizierbar machten und ihre Präsenz wiederherstellten, und so gleichzeitig intellektuell bedeutsam und emotional wirksam werden könnten (Morin, 1958: S. 193f., 203; vgl. Kap. 3.3). Mit der Erzeugung von Bildreihen in der Entwicklung des Films habe sich sowohl emotionales Erregungs-, als auch Bedeutungsvermögen des Bildes schlagartig potenziert (ebd.: S. 194).

> Die einzelne Einstellung steigert ihre konkreten und abstrakten Werte, indem sie sich in eine Kette von Symbolen einreiht, die eine wirkliche Erzählung bildet. Jedes erhält seinen Sinn durch Beziehung auf das Vorhergehende und beeinflußt den Sinn des Folgenden. ... die Abfolge der Einstellungen will einen Diskurs bilden, innerhalb dessen die einzelne Einstellung die Rolle eines verständlichen Zeichens spielt. Anders gesagt, der Film entwickelt aus sich selbst heraus ein System der Abstraktion, des diskursiven Zusammenhangs, der Ideation. Er erzeugt eine Sprache, das heißt eine Logik und eine Ordnung - eine Vernunft. (ebd.)

In gewissen Fällen habe sich dabei durch die Stereotypisierung bestimmter Bilder und Techniken die Kristallisation quasi grammatischer Werkzeuge ergeben (ebd.: S. 203). In bestimmten Fällen lasse sich die Entwicklung vom (quasi-)magischen Effekt bis zum grammatischen Zeichen vollständig nachvollziehen, wenn beispielsweise die Überblendung, die bei Méliès noch die magische Metamorphose darstellte, dann zu einem poetischem oder traumhaftem Effekt werde, und schließlich, durch weitere „Abnutzung" dieser Wirkungen, zur rein syntaktischen Verbindung zweier Einstellung verwendet worden sei. Gleichermaßen habe sich auch die Doppelbelichtung von der Gespenster- oder Selbstverdoppelungsdarstellung über die Darstellung von

Erinnerungen oder Träumen von Figuren, bis zu einer rein berichtenden Funktion entwickelt.[69] (ebd.: S. 195) Die früheren Verwendungsweisen seien dabei allerdings nicht obsolet geworden, sondern seien der fiktionalen Ausdifferenzierung entsprechend (vgl. Kap. 3.4.3) in den verschiedenen Film-Genres aufgehoben worden. Welche Bedeutung oder Wirkung eine spezifische Technik, eine spezifische Einstellung im konkreten Fall nun jeweils annimmt, ist für Morin somit abhängig vom *generischen* Kontext (er nennt idealtypisch den phantastischen, den „romanhaften", und den „pädagogischen"[70] Film), also vom narrativ-generischen filmischen Diskurs, in den sie eingebettet ist, und den sie gleichermaßen mitgestaltet. (ebd.: S. 209f. [189])

Die vollkommen stereotyp gewordenen Zeichen des Films seien letztlich Symbole, die ihre emotionale Wirksamkeit zwar verloren, dafür aber umso mehr Bedeutungsfunktion erlangt hätten, die bis zur Verbegrifflichung von – mithin erst selbst durch sie erzeugten – Ideen reichen könne (z.B. der vergehenden Zeit, der Reise, des Traumes, der Erinnerung). Die derart grammatikalisch oder begrifflich spezialisierten Bilder (bzw. Techniken) seien dann wiederum die Hilfsmittel, mit denen anderen Einstellungen in die diskursive Bedeutung – also die Narration – einbezogen werden könnten (ebd.: S. 196, 203).

Die Kamerabewegung, sowohl kontinuierlich oder diskontinuierlich (als Abfolge von Einstellungen), die zentral für die „magische" Ubiquität (s. Kap. 3.3.1) sowie die emotional wirksame Kinästhesie (s. Kap. 3.4.2) des Filmes sei, aktiviere auch gleichermaßen die „rationale Entzifferungsarbeit" der objektiven Wahrnehmung, etwa wenn sie Objekte aus verschiedenen Blickwinkeln zeige, die sich der Zuschauer entsprechend aneignen könne, oder die Aufmerksamkeit, bzw. die Fähigkeit zur Abstraktion nachahme, wenn sie durch

69 „Das Bild eines Zeitungsausrufers auf den Straßen von New York in Doppelbelichtung zeigt uns an, daß die Presse ein in den vorhergehenden Bildern dargestelltes Ereignis in der ganzen Stadt verbreitet." (ebd.: S. 195)

70 Als Beispiele für diese Art von Film, in denen die Bilder „Mitteilungsmittel des philosophischen Gedankens", bzw. „... Parabeln und Symbole einer Ideologie [sind], die entsteht und Gestalt gewinnt", nennt Morin *Die Generallinie* und *Panzerkreuzer Potemkin* von Sergei Eisenstein, *Erde* von Alexander Dowschenko und *La strada* von Federico Fellini (ebd.: S. 208ff. [188f.]).

Kadrierung und Tiefenschärfe die relevanten Objekte auswähle und alle für die Handlung unbedeutenden Dinge wegließe. (ebd.: S. 197, 139) Zudem bestimme jede Einstellung nicht nur ein Seh-, bzw. Aufmerksamkeitsfeld (vgl. Kap. 3.2), sondern auch ein Bedeutungsfeld durch die Positionierung der Kamera, wenn beispielsweise Unter- oder Aufsicht „... zwar mehr als die Empfindung, aber doch noch nicht ganz Vorstellung, also gewissermaßen die Empfindungsvorstellung von Niedergang und Größe ..." vermittelten (ebd.: S. 198 [180]): „In einer komplexen, weil polyvalenten und fließenden Art bedingen und begründen die Bewegung und die Stellungen der Kamera eine potentiell ideogrammatische Sprache ..." (ebd.: S. 199).

Gleichermaßen sei auch die Filmmusik an der Konstitution des Kinos als ein diskursives System beteiligt, insofern sie eine expressive und explizierende Kommentierung der Bilder sei - Morin nennt hier die gleichen Verwendungsweisen, wie er sie bereits in Bezug sowohl auf den latenten Anthropokosmomorphismus spezifischer Szenen, als auch deren Stimmungsgehalt beschrieben hatte (vgl. Kap. 3.3.2, 3.4.2). Gerade die stereotyp verwendeten Begleitstücke seien durch ihren festgelegten Stimmungsgehalt besonders eindeutig. (ebd.: S. 199f.) „Die Musik ... gibt uns die Bedeutung des Bildes: Meditation, Erinnerung, Schlaf, Traum, Geistigkeit, Sehnsucht." (ebd.: S. 200) Morin beschreibt die durch die Filmmusik beförderte Verständlichkeit des Films hier somit in Bezug auf einen nicht nur nachzuempfindenden, sondern rational zu verstehenden - und sogar stereotypisierten, bzw. idealisierten - *Stimmungs*gehalt. Mit der Entwicklung des Tonfilms habe sich der Film schließlich die verbale Sprache, neben den Dialogen auch in Form von Erzählerstimmen, aneignen können, wodurch der Rhythmus der Bilder weiter habe beschleunigt werden können, die Bilderfolgen immer sprunghafter und abstrakter geworden wären. (ebd.: S. 202)

Der Film könne sich jedoch letztlich - auf der Bildebene - nicht (oder zumindest noch nicht) zu einem rein konventionellen, begrifflichen System abstrahieren, da die im photographischen Bild reproduzierten Formen zu sehr den „sogenannten objektiven Formen", also den Gestalten der Wahrnehmung entsprächen. So könne der Film zwar Pikto- oder Ideogramme bilden, die jedoch immer noch zu konkret seien, als dass sie zu Begriffen einer Wortsprache werden könnten: „Der Film stellt dar und bedeutet zugleich." (ebd.: S. 212ff., 224, 226) Auch wenn der Film keine vollkommen abstrakten Begriffe besitze, habe er schlussendlich ein zusammenhängendes, eigenständiges diskursives System ausgebildet und in dessen Genese „... nicht nur die Theorie der Magie und der Gemütsbewegungen, sondern auch ‚die Theorie der Bildung von Ideen und ihrer Entwicklung' ..." verdeutlicht. (ebd.: S. 206, 224)

# 4. Zusammenführung - Schluss

Im folgenden, abschließenden Kapitel soll nun zum einen Edgar Morins Verwendung der Metapher des Spiegels in *Le cinéma ou l'homme imaginaire* noch einmal zusammengefasst, und zum anderen mit den Spiegelmetaphoriken bei André Bazin und Christian Metz verglichen werden, um damit eine Reihe von Gemeinsamkeiten und Differenzen dieser Theorien aufzuzeigen, und schließlich zu einer historisch-systematischen Verortung von Morins Filmtheorie zu kommen.

Die Verwendung der Spiegelmetapher zur Beschreibung des Films, bzw. des Kinos ist in den hier diskutierten Texten nicht zuletzt von dem damit verbundenen Erkenntnisinteresse, der „theoretischen Intention" abhängig. Bei allen drei Theoretikern nimmt der Film als Untersuchungsgegenstand eine Sonderstellung ein - worin diese besteht, ist allerdings ebenfalls abhängig von der eingenommenen Perspektive.

Bazin versucht mit verschiedenen Metaphern, wie der des Fensters oder des Spiegels, den Film ontologisch zu bestimmen, um daraus nicht zuletzt eine Poetologie, eine „geeignete" oder gar idealtypische Verwendung des Films im Konzert der Künste abzuleiten. Die Grundlage seiner Argumentation ist dabei die besondere Realitätstreue, der spezifische ontologische Weltbezug des Films. (Kap. 2.1.1, 2.2.1)

Metz' Ziel ist es, „die Materie des kinematographischen Signifikanten" (Metz, 2000: S. 40) als eines im besonderen Maße *imaginären* Signifikanten (einem Aspekt des semiologischen Zeichens) zu untersuchen, indem er seine früheren semiologischen Beschreibungen der Bedeutungs-Struktur des Films durch poststrukturalistisch-psychoanalytische Theoreme fundiert. Diese Theoreme, die ursprünglich als Weiterentwicklung der klassischen Psychoanalyse zur Beschreibung der Ontogenese des Individuums zum (gesellschaftlichen) Subjekt ausgearbeitet wurden, überträgt Metz nun - als allgemeine Theorie der Bedeutung und gleichermaßen Beschreibung der „realen Bedingungen der Gesellschaft und des Menschen" (ebd.: S. 53) - auf den Film und das Kino. Metz' Darlegungen tragen dabei durchaus ideologiekritische

Anklänge - wenn auch nicht so ausgeprägt wie bei anderen Theoretikern seines Umfeldes (insbesondere Leo Baudry); die Erörterungen haben darüber hinaus einen erklärtermaßen deskriptiv-analytischen Anspruch. (Kap. 2.1.4, 2.2)

Diesen deskriptiven Anspruch teilt auch Morin, allerdings mit einem deutlich weiter gefassten Horizont: Morins Erkenntnisinteresse als Sozio-Anthropologe gilt nicht nur dem Film und dem Kino mit seiner Entwicklung von einer technischen Apparatur zu einem gesellschaftlichen Phänomen, sondern umgekehrt und viel weitreichender der Beschreibung und Analyse der Gesellschaft und ihrer geistigen Grundbedingungen und Verfasstheit, wie sie sich nach seinem Dafürhalten aus der Entwicklungsgeschichte des Kinos als einem „anthropologischen Spiegel" (Morin, 1958: S. 237) ablesen und rekonstruieren lassen. Im Gang seiner Untersuchung entwirft Morin so ein heuristisches Modell der evolutionären Entwicklung des Kinos, respektive des menschlichen Geistes, deren Grundbedingung und Motor die von ihm phänomenologisch und psychoanalytisch beschriebenen *Partizipationen* sind.

*Spiegel der Welt – das Filmbild*

Ähnlich wie Bazin (und implizit auch Metz) beschreibt Morin das photographische und kinematographische Bild zunächst derart, dass es einen physikalischen Lichtreflex fixiert und wider*spiegelt* - Morin unterscheidet hier aber weiter zwischen Schwarz-Weiß- und Farbfilm: während der eine - mangels Farbwiedergabe - eine Mischung aus Spiegelreflex und Schatten(wirkung) darstelle, sei der andere *reiner* Spiegelreflex. Auch die technische Entwicklung des Filmbildes wird von Morin also in dieser Metaphorik aufgefangen - die Entwicklung in Richtung der Spiegelung wird gleichsam verstanden als Zunahme der „realistischen Treue". (Kap. 2.2.1, 3.3.2)

Der grundsätzliche Realitätseindruck des filmischen Bildes liegt für Morin nun darin begründet, dass die photographische Reproduktion eben jene Erscheinungsformen wiedergibt, die von Menschen auch bei unmittelbar physisch anwesenden Dingen wahrgenommen werden, und mittels derer diese - als Ergebnis des Partizipationsprozesses - als mit sich selbst identisch und real (an)erkannt werden. Wie ausgeprägt die Wahrnehmung einer Präsenz im Kino dabei ist, ist Morin zufolge zum einen von der Qualität dieser Wiedergabe, der „realistischen Treue" (zu den ‚realen' Erscheinungsformen), sowie der Bewegung(sillusion) des Bildes abhängig, mehr noch aber von dem Ausmaß, in dem sich durch die affektive Partizipation die subjektiven Bedürfnisse und Wünsche am Bild fixieren - das filmische Bild also, anders formuliert, emotionale Valenz bekommt. Wenn sich also die „Welt im Spiegel des Kinematographen spiegelt", wie es Morin zu Beginn seines letzten Kapitels formuliert, dann deshalb, weil durch das projizierte Bild die gleichen Partizipationsvorgänge aktiviert werden, die auch den grundlegenden Weltbezug bestimmen. (Kap. 3, 3.1, 3.2, 3.3)

In Bezug auf die Wirkung des filmischen ‚Spiegel'- und ‚Schattenbildes' argumentiert Morin somit vor allem anhand dessen *phänomenaler* Dimension, sowie der *psychischen* Wirkung und Verarbeitung dieser bewegten Erscheinung. Dabei ist Filmbild für ihn aber nicht gleich Filmbild, und Realitätseindruck nicht gleich Realitätseindruck, sondern bei beidem beschreibt er ein Spektrum (bzw. verschiedene Stufen); diese Spektren (oder Stufenanordnungen) wiederum stehen zwar in einem Wirkungszusammenhang, sind aber nicht einfach positiv linear korreliert[71]; wie stark der Realitätseindruck des Filmbildes letztlich ist, ist für Morin abhängig von weiteren Faktoren (insbesondere von individualpsychischen Dispositionen, die aber wiederum vom Filmgenre, von den Gegebenheiten des Dispositivs, oder sogar der Anwesenheit anderer im Kinosaal beeinflusst werden können). Die Frage nach der Erzeugung dieses ‚Spiegelbildes' durch einen automatischen, photochemischen Prozess, also der *ontologischen* Beziehung von Bild und Gegenstand, ist für Morin eher für die eigene theoretische Erörterung (der Beschreibung der Ähnlichkeit von realen und filmischen Erscheinungsformen), als für die Analyse der Wirkung des Bildes in der Zuschauerwahrnehmung (der Begründung des realistischen Eindrucks des Zuschauers) von Belang. (Kap. 3.3.2, 3.4.1, 3.4.4)

71 Also gemäß: „je größer die ‚realistische Treue' des Bildes, desto stärker sein Realitätseindruck".

Das *Wissen* des Zuschauers um den ontologischen Bezug von Filmbild und vorfilmischer Realität, um die „Spur", die das reale Objekt auf dem Filmmaterial als einem „Spiegel mit verzögerter Reflexion" hinterlässt, ist nun aber für Bazin die Grundlage für die besondere Glaubhaftigkeit und Objektivität des filmischen Bildes - neben dem dadurch erzeugten spezifischen phänomenalen Detailreichtum des Films. Die Frage nach unbewusst ablaufenden, der Realitätswahrnehmung zugrunde liegenden psychischen Prozessen stellt sich indes in Bazins rationalistischer Perspektive nicht (Kap. 2.1.1, 2.1.2, 2.2).

Genau hier setzt nun Metz' Kritik an Bazins „idealistischer" Filmtheorie und der phänomenologischen „Illusion der Wahrnehmungsbeherrschung", die sie zur Schau stelle, an. Zunächst ist das Filmbild für Metz, aufgrund der physischen Abwesenheit und mangelnden Körperlichkeit der vom Zuschauer als präsent oder real wahrgenommenen Objekte, grundlegend irreal, imaginär - die ontologische Beziehung von Filmbild und Gegenstand wird von Metz dabei nicht näher erörtert. Dass der Film nun aber zugleich den „Schatten", das „Double", die irreale, imaginäre „Nachbildung" des Gegenstands mit einem „ungewöhnlichen Wahrnehmungsreichtum" wiedergibt, macht den Film in Metz Augen zu einer „neuen Art Spiegel" - und damit wird er für Metz analogisierbar mit dem („richtigen") Spiegel in Lacans These des Spiegelstadiums (s. Kap. 2.2.2). Diese kindheitliche, subjektbildende Spiegelerfahrung stellt für Metz nun einerseits die Grundlage für die Fähigkeit des Zuschauers dar, überhaupt etwas im ‚Spiegel der Leinwand' erkennen zu können, als auch andererseits für die eigentlich imaginäre, ‚falsche' Wahrnehmung dieses so Erkannten als real. Denn die scheinbare Wahrnehmungsbeherrschung des sich als transzendent (als „Bedingung der Möglichkeit des Wahrgenommenen") und „all-wahrnehmend" vermeinenden Subjekts sei tatsächlich von den unbewussten Triebstrukturen des Individuums, sowie dessen spezifischer Positionierung im Kino-Dispositiv gegenüber dem Fluchtpunkt des Bildes bestimmt. (Kap. 2.1.4, 2.2) Metz argumentiert hier also vornehmlich psychologisch-psychoanalytisch, definiert das Filmbild (wie den Spiegel) aber auch ontologisch als grundlegend irreal.

So wie Morin bei der Analyse der Eigenschaften von Photographie und Filmbild (in der einzelnen Einstellung) die „kopernikanische Wende" zu den Autoren der *Photogenie* ausruft, will Metz die „idealistischen" Kinotheorien „auf den Kopf stellen" - beide meinen damit eine Abwendung von rein ontologisch-phänomenologischen Betrachtungen des Mediums und Hinwendung zu Analysen unbewusster Vorgänge in der Zuschauerpsyche, wobei ihnen die Äußerungen der vorangegangenen Autoren gleichsam als wichtige Quelle dienen (Kap. 2.2.2, 3.3.2). Damit einher geht die Etablierung einer zusätzlichen Beobachterebene der Theorie, von der aus diese unbewussten Vorgänge erst analysiert werden können; während bei Bazin das Schauen des Films und die theoretische Betrachtung letztlich auf der gleichen Reflexionsebene stattfinden, wird bei Morin und Metz eine Erkenntnis-Differenz zwischen Theorie und Zuschauersubjekt eingeführt.

Während Metz das Filmbild aber - über die Binarität von An- und Abwesenheit, bzw. real und irreal - als *kategorisch* irreal, und die Zuschauerwahrnehmung als grundlegend imaginär bestimmt, und Bazin umgekehrt dem Filmbild *an sich* eine besondere Objektivität und Fähigkeit zur Präsentifikation zuspricht, dynamisiert Morin die Fragen nach der Realitätstreue und dem Realitätseindruck des Bildes, indem er jeweils verschiedene Ausprägungen durch Einbezug der technischen Entwicklung, sowie der sich ausdifferenzierenden Verwendungs- und Betrachtungsweisen des filmischen Mediums beschreibt.

*Spiegel des Geistes - das Kino*

Die umfassendere Ebene der Spiegelmetaphorik - des Kinos insgesamt als Spiegel des menschlichen Geistes, bzw. von dessen Onto-Phylogenese - beginnt für Morin bereits mit den ersten Kombinationen von Einstellungen, Bewegungen der Kamera und Veränderungen von Zeitabläufen, mit denen „magische" Effekte und fluide, ubiquitäre Zeit- und Raumformen erzeugt wurden - als gewissermaßen „magische" Vergegenständlichung subjektiven Welt- und Zeiterlebens. So entsprechen in Morins Betrachtung die ersten originär mit dem Film des Kinos erzeugten Bilder sowie Zeit- und Raumformen

- als sozusagen erste filmische ‚Weltentwürfe' - der „Magie", als der ersten Weltsicht von Kindern und archaischen Menschen, als undifferenzierte Einheit von Innerem und Äußerem. Damit verbunden ist entsprechend eine Lösung des filmischen Bildes von seiner rein dokumentarischen Verwendung und Funktion der Wiedergabe einer vorgängigen Realität. (Kap. 3.1, 3.3.2, 3.4.4)

Mit der weiteren Entwicklung des Kinos verändere sich auch die Verwendung dieser originär filmischen Mittel hin zur Ebene des subjektiv-emotionalen Ausdrucks. Auch *innerhalb* der filmischen Diegese des „Filmromans" entwickelt sich für Morin dabei eine Differenzierung von subjektiven, imaginären Wahrnehmungen und einer als real verstandenen Außenwelt - diese Differenzierung war zunächst nur mit der ästhetischen Betrachtungsweise des Films als Phantasie- und Kunstwerk gegeben - durch die Rationalisierung oder „Verinnerlichung" des Phantastischen, etwa durch die Verortung scheinbar übernatürlicher Vorgänge im Bewusstsein von Figuren, oder ihrer nachtäglichen rational-kausalen Erklärung. Diese Filmformen entsprechen für Morin damit dem „Stadium der Seele", in dem sich eine klare Trennung zwischen inneren und äußeren Vorgängen ausgebildet hat. (Kap. 3.4, 3.5.2)

In diesem Zusammenhang greift Morin eine spezifischere und filmtheoriegeschichtlich ältere Verwendung der Spiegelmetapher auf, auf die auch Elsaesser und Hagener in ihrer Diskussion der filmtheoretischen Themenbereiche des Spiegels verweisen: Im Anschluss an Balász führt Morin aus, dass das menschliche Gesicht in seiner Betonung in der Großaufnahme nicht nur „als Seele" (gemäß eines latenten Kosmomorphismus) Spiegel der den Menschen allgemein umgebenden Welt ist, sondern auch - gewissermaßen als Ausdruck der unmittelbaren emotionalen, affektiven Partizipation - Spiegel der zeitglich im filmischen *Off* stattfindenden Ereignisse und Handlungen. Damit, so Morin, sei das menschliche Gesicht selbst schon ein Medium. (Kap. 2.1.4, 3.3.2)

Mit der zunehmenden Möglichkeit der Abstraktion der Filmbilder und -techniken und der Ausdifferenzierung ihrer Verwendungsweisen durch ihre

Einbettung in einen diskursiven Zusammenhang hätten sich schließlich spezifische Bilder auch in einer andauernden „Abnutzung" ihrer emotionalen Wirkung und Bedeutung bis hin zur Darstellung rein abstrakter Ideen, oder aber zu „grammatikalischen" Werkzeugen kristallisiert. In dieser Form dienen sie entsprechend nicht mehr der Darstellung von Phänomenen innerhalb der Diegese, ob magisch oder subjektiv, sondern sind Teil der (konventionalisierten) medialen Ausdrucksform, und werden als solche wiederum vornehmlich als Mittel eines als realistisch aufgefassten Ausdrucks verwendet. In dieser Dominanz des gemeinhin als realistisch verstandenen klassischen Hollywoodstils zu seiner Zeit spiegeln sich für Morin nun entsprechend die „Partizipationen und Realitäten dieses Zeitalters". (Kap. 2.1.2, 3.5.2)

Gemäß Morins Modell der „genetischen Anthropologie" zeichnet die filmgeschichtliche Entwicklung des Kinematographen zum Kino somit ontogenetisch die gesamte, phylogenetische Entwicklung des menschlichen Bewusstseins nach, allerdings unter dem Einfluss des Entwicklungsstadiums des sozialen Milieus, des Phylums. Diese Entwicklung ergebe sich durch den ständig in Bewegung befindlichen Austausch zwischen Menschen und Welt. (Kap. 3.1) Da dieser Austausch sich in Morins Verständnis immer auch in symbolischen Ausdrucksformen manifestiert, und sich das Bewusstsein wiederum erst mit deren Hilfe weiterentwickelt und erweitert, ist der Film in seinen diversen diachronen und synchronen Formen selbst sowohl Teil, als auch Ergebnis dieses Austausches. Diese symbolische Manifestation ist aber gerade im Film nie eine eindeutig und stabil fixierte, sondern immer eine dynamische, die in gegenseitiger Anpassung zum psychischen, coenästhetischen Dynamismus des Zuschauers steht (Kap. 3.4.2, 3.5): „Die unbewußte Aktivität des Menschen hat sich im Film entfremdet und wird dadurch zu einem möglichen Objekt der Analyse. Diese jedoch kann ihren wunderbaren Reichtum nur bewältigen, wenn sie die *Bewegung* dieser Entfremdung erfaßt." (Morin, 1958: S. 241)[72]

Die Entwicklung des Films stellt für Morin dabei aus zwei Gründen einen prädestinierten Gegenstand zur Untersuchung der Entwicklung des mensch-

72 Hervorhebung im Original.

lichen Geistes gegenüber anderen Kunstformen dar: Zum einen, da seine Entstehung und Ausdifferenzierung in einem vergleichsweise sehr kurzen historischen Zeitraum, gewissermaßen „wie unter dem Glas eines Laboratoriums" stattgefunden habe (ebd.: S. 241, 227). Zum anderen, weil er in der Verwendung des photographischen Bildes zur Erzeugung von Ausdruck und Bedeutungen den optischen, „realistischen" Anschein, wie er in der Photographie gegeben sei, und den „psychologischen" Anschein und das Ausdrucksbedürfnis, wie es die naive Malerei veranschauliche, durch die Bewegung und Montage, mit denen etwa die „Gesetze von Raum und Zeit" aufgehoben werden könnten, synkretistisch miteinander verbinde (ebd.: S. 227f., Kap. 3.3.2): „Alles, was man vom Film sagen kann, gilt auch für den menschlichen Geist selbst, für sein zugleich bewahrendes, bewegendes und bewegte Bilder schaffendes Vermögen." (ebd.: S. 227)

Wenn Morin den Film als „anthropologischen Spiegel" (ebd.: S. 237) bezeichnet, ist diese Metapher somit paradigmatisch für seinen Versuch einer ganzheitlichen Betrachtung der Entwicklung des Kinos als Kunst-, Erzähl- und Ausdrucksform, mit der er aber zugleich zu einer Beschreibung des menschlichen Geistes gelangen will.

*Trennen und Zusammenführen*

Vergleicht man nun Morins Theoriekonzeption auf dieser umfassenderen, das Kino als Ganzes betrachtenden Ebene mit derjenigen von Metz, lässt sich zunächst festhalten, dass beide zur Erklärung des Kinos als ein gesellschaftliches Phänomen auf ein prinzipiell psychoanalytisch basiertes Modell der Ontogenese des Bewusstseins, bzw. der Subjektivität zurückgreifen (vgl. Kap. 2.2.3). Wie Metz sieht auch Morin also bereits die Notwendigkeit, einen in den frühen und klassischen Filmtheorien als idealtypisch und körperlos konstruierten oder implizit angenommen Zuschauer zu hinterfragen, und die Faszination des Kinos über die Konstitution des Bewusstseins zu erklären (s. Kap. 2.1.2). Diese Faszination wiederum sehen beide maßgeblich durch die subjektiven Bedürfnisse und Wünsche des Zuschauer-Individuums bestimmt, denen im Kino – als einer „Denkmaschinerie" mit ihren „Spielen des

Imaginären" (Metz), bzw. einer „Geist-" oder „Denkmaschine" mit ihrem eigenen „Partizipationssystem" oder „Psychismus" (Morin) - entsprochen wird (Kap. 2.2.2, 3.1, 3.4.4).

Metz führt diese gleichsam subjektbildenden Bedürfnisse vor allem auf den Sexualtrieb, und beim Kino noch spezifischer auf die dem Sehen und Hören zugeordneten Partialtriebe zurück, die er als „Wahrnehmungstrieb" zusammenfasst, und dessen Ausprägung überindividuell konstant und stabil erscheint. Entsprechend der Trennung und Ausdifferenzierung der einzelnen Sinne aufgrund ihrer jeweiligen Objektbeziehungen beschreibt Metz, dass mit dem die Distanzsinne ansprechenden „Wahrnehmungstrieb" ausschließlich abwesende oder distanzierte, immer schon „verlorene" Objekte begehrt würden, und dass dieser Trieb somit nie befriedigt, der diesen Trieb erhaltene „Mangel" nie aufgehoben werden könne. Gerade dieses unstillbare Begehren, diesen Mangel mache sich die Institution des Kinos mit der Projektion rein imaginärer, vollkommen unerreichbarer Objekte nun idealtypisch zunutze, und passe sich mit ihren Dispositiven daran an. (Kap. 2.2.2)

Morin hingegen bestimmt letztlich keine spezifischere Quelle der Bedürfnisse als das Individuum, führt aber deren nach Zeit- und Lebensalter und anderen sozialen und individuellen Faktoren divergierenden Ausprägungen an, sowie ihre mannigfaltigen Manifestationen im Rahmen des polyvalenten und polymorphen Partizipationsprozesses. Als Teilaspekt dieses fundamentalen Prozesses lässt sich weiterhin Morins wiederholte Anführung der *Coenästhesie* ausmachen, als Vereinigung der Modalitäten der Einzelsinne zu einer Gesamtwahrnehmung, womit im Kino auch die Möglichkeit gegeben scheint, Sinneswahrnehmungen und Körperempfindungen jenseits der rein visuellen und auditiven Wahrnehmung zu erzeugen. In seiner technischen Entwicklung und narrativ-generischen Ausdifferenzierung habe sich das Kino nun einerseits allen subjektiven, emotionalen und rationalen Bedürfnissen der Zuschauer angepasst, andererseits aber mit der Integration weiterer Wahrnehmungsdimensionen durch Bestärkung der „Wahrnehmungsträgheit" der Zuschauer eine neue „Wahrnehmungslust" hervorgebracht. (Kap. 3.2, 3.4)

Metz geht weiterhin davon aus, dass das Subjekt seine Ich-Identität bereits ausgebildet haben, und sich mit sich selbst (bzw. mit seinem Blick) identifizieren können muss, um in der Lage zu sein, Dinge auf der Leinwand zu identifizieren und das Gesehene zu symbolisieren, also einen Film zu verstehen. Mit der Subjektbildung einher geht für Metz (in Anschluss an Lacan) die fundamentale und unumkehrbare Trennung von Imaginärem, Symbolischem und Realem. Das einmal gebildete Subjekt kann diese Trennung und sich selbst - sein ‚Ich' - so trotz der regressiven Situation im Kino nicht mehr aufheben. (Kap. 2.2.2)

Eine regressive Situation im Kino beschreibt auch Morin; die bewusste Selbstidentifikation des Zuschauers erscheint aber nicht als notwendige Vorbedingung für das Verständnis des Films, im Gegenteil sieht Morin gerade in „Evasionsfilmen" die Möglichkeit des Selbstvergessens, bzw. der Selbstflucht. Darüber hinaus ist die sukzessive Trennung von Imaginärem und Realem in den Stadien, bzw. Polarisationen von *Magie*, *Gefühl* und *Vernunft* für Morin nie vollkommen oder unumkehrbar, gerade in der Entwicklung des Kinos sei ihre „tiefe Einheit" zu beobachten. (Kap. 3.4.1, 3.4.4, 3.5.1)

Das Kino befindet sich für Metz immer schon aufseiten des Symbolischen; das filmische Bild stellt für ihn grundlegend einen kinematographischen *Signifikanten* dar, der als Teil des semiologischen Zeichens immer nur ein mentales *Signifikat* evozieren, und nie direkt auf einen realen *Referenten* verweisen kann. In Metz Konzeption ist das Verständnis des Films als Text, als intern strukturiertes Bedeutungssystem, welches, der poststrukturellen Vorstellung entsprechend, nur sehr bedingten, indirekten Bezug - wenn überhaupt - zu einer wie auch immer gearteten Realität aufweist, grundlegend und maßgeblich für alle weiteren Betrachtungen. (Kap. 2.2)

In seinen vergleichsweise einfach gehaltenen Ausführungen zum Symbolismus beschreibt Morin dagegen - in mithin gegenläufiger Beschreibungsrichtung zu Metz - zum einen die erst sukzessive Trennung der zunächst „realistischen" Bindung des Symbols an die symbolisierte Sache; auch die (Wort-)Sprachen seien letztlich eine Aneinanderreihung von fragmentarischen, abkürzenden oder konventionellen Symbolen zur Verständigung, bzw. Vergegenwärtigung einer „totalen Realität". Zum anderen bilde der Film des Kinos erst sukzessive ein „System der Abstraktion", des diskursiven Zusammenhangs aus, ohne sich dabei aber zu einem *rein* konventionell-begrifflichen System entwickeln zu können. (Kap. 3.5)

In ihrer Gegenstandswahl und -formierung sind sich die Theorien von Metz und Morin also durchaus ähnlich, doch unterscheiden sie sich deutlich in ihrer Betrachtungsweise; während Metz eine „Theorie des Trennens und der Trennung" entwirft, lässt sich Morins Entwurf als eine „Theorie der Einheit und des Zusammenführens" charakterisieren. Damit ist auch angedeutet, inwiefern sich diese Entwürfe möglicherweise in einen größeren epistemologischen Rahmen einordnen ließen (vgl. Kap. 3.1), dies würde den Rahmen dieser Untersuchung jedoch deutlich sprengen.

*Verortung von Morins Le cinéma ou l'homme imaginaire*

In seiner Theorie problematisiert Morin eben jene Aspekte, die Altman, Andrew, sowie Elsaesser und Hagener mit der Analyse der Spiegelmetapher als maßgeblich für die Entwicklung der modernen Filmtheorie im französischen Sprachraum zusammenfassen: die Situation des Zuschauers im Kino und die unbewussten Prozesse der Zuschauerwahrnehmung, sowie die Frage nach dem Begehren, bzw. den Bedürfnissen des Zuschauers, denen sich das Kino angepasst hat. (Kap. 2.1)

Über die Betrachtung des Konzepts der Metapher des Spiegels lässt sich Morins *Le cinéma ou l'homme imaginaire* so bereits als frühe moderne Filmtheorie verstehen.

Verglichen mit den Theorieentwürfen von Bazin und Metz lässt sich festhalten, dass Morin hier sowohl chronologisch als auch systematisch eine Zwischenposition einnimmt. Methodisch durch die psychoanalytische Konzeptionierung und Thematisierung der Zuschauerwahrnehmung, sowie der anthropologischen Reichweite seiner Betrachtung näher an Metz, bezieht Morin aber auch Bazins Verständnis des Filmbildes als physikalische Spur, deren Effekt auf den Zuschauer in einen Zwischenbereich von Realität und Irrealität, von An- und Abwesenheit fällt, mit ein.

Zudem verweist Morin, entgegen den beiden anderen Autoren, auf die historische Genese des Films sowie die Ausdifferenzierung der filmischen Ausdrucksmittel und Formen - seine Beschreibung ist entsprechend nicht rein ontologisch, sondern auch funktional. In diesen groben Grundzügen erinnert Morins *L'homme imaginaire* so auch an Gilles Deleuzes Ausarbeitung von Bewegungs- und Zeitbild - in deren Übergangszeit Morins Arbeit interessanter Weise fällt. Daneben lassen sich durchaus Ähnlichkeiten etwa zu Hugo Münsterbergs *The Photoplay* von 1916 oder auch Vivian Sobchacks phänomenologischer Betrachtung *The Address of the Eye* erkennen - dies sind Aspekte, deren weitere Betrachtung sicherlich ein noch umfassenderes filmtheoretisches Verständnis von Morins eklektischem Essai ermöglichen würde.

Aber auch mit Morins Modell selbst lassen sich in gewisser Hinsicht die filmtheoretischen Positionen von Bazin, und auch von Metz perspektivieren: So scheinen Bazins Beschreibungen der Wahrnehmung der Präsenz im Film als Zwischenstufe zwischen An- und Abwesenheit in etwa dem von Morin beschriebenen Stadium der *Subjektivität* zu entsprechen, während der Theorieentwurf von Metz, mit seiner Insistenz auf die Trennung von Zeichen und realweltlichem Referent und dem auch darin begründeten aufklärerischen Gestus, womöglich Morins Stadium der *Vernunft* zugeordnet werden könnte.

Und nicht zuletzt verweist Morin mit dem Diktum des „Kinos als Spiegel des menschlichen Geistes" und dem weitgefächerten Einbezug diversester Filmtheorien von Epstein bis Eisenstein, von Arnheim über Balasz bis Bazin auf ein beständiges Wechselverhältnis von Film und Filmtheorie in der Entwicklung des Mediums - zu dessen selbstreflexiver Hochphase in den „neuen Wellen" er später mit der gemeinsam mit Jean Rouch produzierten *Cinéma-Vérité*-Dokumentation *Chronique d'un été* (1961) selbst einen Teil beitragen sollte.

Darüber hinaus reißt Morin in seiner Untersuchung jedoch Fragen an, die auch heute wieder an Aktualität in der filmtheoretischen Diskussion zu gewinnen scheinen: Am Ende ihrer *Filmtheorie zur Einführung* argumentieren Elsaesser und Hagener für eine reflexiv gewendete Phänomenologie, die sich in jüngster Zeit, von der traditionellen Vorstellung der intentionalen Gerichtetheit jeder geistigen Aktivität auf Objekte, nun den *Qualitäten* der Sinneswahrnehmungen zuwende (S. 212):

> Untersucht werden verschiedene Erfahrungsarten, so die Wahrnehmung und das Denken, aber auch Erinnerung, Imagination, Emotion und Verlangen bis hin zum Körperbewusstsein, zur verkörperten Handlung und zur sozialen Aktivität einschließlich der Sprache. Dieser Ansatz erscheint für die Filmtheorie interessant, weil die Kinoerfahrung oft als eine besonders reiche und lohnende Form der phänomenologischen Erfahrung angesehen wird. (ebd.: S. 212f.)

Dies liest sich beinahe wie eine Auflistung der von Morin angerissenen Aspekte - auch wenn diese von ihm nicht umfassend ausgearbeitet werden. Insbesondere aber Morins Beschreibung der Partizipation mit dem untrennbaren Zusammenspiel von nach außen gerichteter Projektion und nach innen gerichteter Identifikation und dem Aspekt der integrativen Coenästhesie und seine Darstellung der Beziehung dieses polymorphen Wahrnehmungsprozesses zu bedeutungserzeugenden Prozessen scheinen in diesem Zusammenhang durchaus interessante Anknüpfungspunkte darzustellen.

## Literaturverzeichnis

Altman, Charles F. (1985/1977): „Psychoanalysis and Cinema: The Imaginary Discourse". In: Bill Nichols (Hg.): *Movies and Methods. An Anthology*. Berkeley: Univ. of California Press, S. 517-531.

Andrew, Dudley (1976): *The Major Film Theories. An Introduction*. Oxford, New York: Oxford University Press.

Andrew, Dudley (1984): *Concepts in Film Theory*. Oxford, New York: Oxford University Press.

Andrew, Dudley (1985/1978): „The Neglected Tradition of Phenomenology in Film Theory". In: Bill Nichols (Hg.): *Movies and Methods. An Anthology*. Berkeley: Univ. of California Press. S. 625–632.

Arnheim, Rudolf (1974/1932): *Film als Kunst*. München: Hanser.

Bazin, André (1975): *Was ist Kino?* Köln: DuMont Schauberg.

Bazin, André (1985/1975): *Qu'est-ce que le cinéma?* Paris: Les Éditions du Cerf.

Bordwell, David; Staiger, Janet; Thompson, Kristin (1985): *The classical Hollywood cinema. Film style and mode of production to 1960*. London: Routledge & Kegan Paul.

Casetti, Francesco (1999): *Theories of cinema, 1945 – 1995*. 1. Aufl. Austin: Univ. of Texas Press.

Diederichs, Helmut H. (Hg.) (2004): *Geschichte der Filmtheorie. Kunsttheoretische Texte von Méliès bis Arnheim*. 1. Aufl. Frankfurt am Main: Suhrkamp.

Deleuze, Gilles (1989): *Kino 1. Das Bewegungs-Bild*. Frankfurt a.M.: Suhrkamp.

Elsaesser, Thomas; Hagener, Malte (2007): *Filmtheorie zur Einführung*. Hamburg: Junius.

Felix, Jürgen (Hg.) (2002): *Moderne Film Theorie*. Mainz: Bender.

Fingerhut, Joerg; Hufendiek, Rebekka; Wild, Markus (2013): „Einleitung". In: Dies. (Hg.): *Philosophie der Verkörperung – Grundlagentexte zu einer aktuellen Debatte*. Berlin: Suhrkamp. S. 9–102.

Fuchs, Thomas (2000): *Leib – Raum – Person. Entwurf einer phänomenologischen Anthropologie*. Stuttgart: Klett-Cotta.

Kaczmarek, Ludger (2012): „Kinästhesie / Kinästhetik". In: Lexikon der Filmbegriffe. Institut für Neuere Deutsche Literatur und Medien - CAU Kiel. Stand: 13.10.2012. Online unter http://filmlexikon.uni-kiel.de/index.php?action=lexikon&tag=det&id=6675, abgerufen am 08.09.2014.

Kirsten, Guido (2010a): „Editorial". In: *montage AV. [Filmologie/Soziologie]*. Gesellschaft für Theorie & Geschichte audiovisueller Kommunikation e.V. (Hg.). Marburg: Schüren, S. 4–6.

Kirsten, Guido (2010b): „‚Tout film est un document social'. Zum prekären Verhältnis von Filmologie und Kinosoziologie". In: *montage AV. [Filmologie/Soziologie]*. Gesellschaft für Theorie & Geschichte audiovisueller Kommunikation e.V. (Hg.). Marburg: Schüren, S. 7–20.

Laplanche, Jean; Pontalis, Jean-Bertrand (2005): *Das Vokabular der Psychoanalyse*. Frankfurt am Main: Suhrkamp.

Leinkauf, Thomas (1995): „Sensus communis I". In: Joachim Ritter und Karlfried Gründer (Hg.): *Historisches Wörterbuch der Philosophie*. Basel: Schwabe & Co. Band 9: Se-Sp. S. 622–633.

Laßlop, Peter (1976): „Kinästhesie". In: Joachim Ritter und Karlfried Gründer (Hg.): *Historisches Wörterbuch der Philosophie*. Basel: Schwabe & Co. Band 4: I-K. S. 819–827.

Lowry, Edward (1982): *The Filmology Movement and Film Study in France*. Ann Arbor, Michigan: UMI Research Press.

Lühe, Astrid von der (1995): „Sensus communis III". In: Joachim Ritter und Karlfried Gründer (Hg.): *Historisches Wörterbuch der Philosophie*. Basel: Schwabe & Co. Band 9: Se-Sp. S. 639–661.

Metz, Christian (1984): *Le signifiant imaginaire. Psychanalyse et cinéma*. Paris: Bourgois.

Metz, Christian (2000): *Der imaginäre Signifikant. Psychoanalyse und Kino*. Münster: Nodus Publikationen.

Morin, Edgar (1958): *Der Mensch und das Kino. Eine anthropologische Untersuchung*. Stuttgart: Klett.

Morin, Edgar (2005): *The Cinema, or the Imaginary Man*. Minneapolis: Univ. of Minnesota Press.

Morin, Edgar (2007/1956): *Le cinéma ou l'homme imaginaire. Essai d'anthropologie sociologique.* Paris: Éditions de Minuit.

Nünning, Ansgar (Hg.) (2008): *Metzler-Lexikon Literatur- und Kulturtheorie. Ansätze – Personen – Grundbegriffe.* 4., aktualisierte und erweiterte Auflage. Stuttgart: Metzler.

Paech, Joachim (2004): „Von der Filmologie zur Mediologie? Film und Fernsehtheorie zu Beginn der 60er Jahre in Frankreich". In: Scarlett Winter und Susanne Schlünder (Hg.): *Körper – Ästhetik – Spiel. Zur filmischen écriture der Nouvelle Vague.* München: Fink, S. 31–46.

Riesinger, Robert F. (2000): „Nachwort" In: Christian Metz: *Der imaginäre Signifikant. Psychoanalyse und Kino.* Münster: Nodus Publikationen, S. 230–239.

Schweinitz, Jörg (2002): *Film und Stereotyp. Eine Herausforderung für das Kino und die Filmtheorie.* Berlin: Akademie Verlag.

Sierek, Karl (2008): „Edgar Morins ‚L'homme imaginaire'". In: *Vorlesungsverzeichnis FSU Jena – Philosophische Fakultät – Sommer 2008.* Friedrich-Schiller-Universität Jena. S. 758. Stand: 28.04.2009. Online unter https://friedolin.uni-jena.de/download/VVZ/20081/VVZ_20081_phi.pdf, abgerufen am 08.09.2014.

Sobchack, Vivian (1992): *The Address of The Eye. A Phenomenology of Film Experience.* New Jersey: Princeton UP.

Spree, Axel (2003): „Abbild". In: Wulff D. Rehfus (Hg.): *Handwörterbuch Philosophie.* Göttingen: Vandenhoeck & Ruprecht, S. 235–236.

Wulff, Hans Jürgen (2012): „Kuleschow-Effekt". In: *Lexikon der Filmbegriffe.* Institut für Neuere Deutsche Literatur und Medien – CAU Kiel. Stand: 13.10.2012. Online unter http://filmlexikon.uni-kiel.de/index.php?action=lexikon&tag=det&id=238, abgerufen am 08.09.2014.

# FILM- UND MEDIENWISSENSCHAFT

Herausgegeben von Irmbert Schenk und Hans Jürgen Wulff

ISSN 1866-3397

1 *Oliver Schmidt*
Leben in gestörten Welten
Der filmische Raum in David Lynchs *Eraserhead*, *Blue Velvet*, *Lost Highway* und *Inland Empire*
ISBN 978-3-89821-806-1

2 *Indra Runge*
Zeit im Rückwärtsschritt
Über das Stilmittel der chronologischen Inversion in *Memento*, *Irréversible* und *5 x 2*
ISBN 978-3-89821-840-5

3 *Alina Singer*
Wer bin ich? Personale Identität im Film
Eine philosophische Betrachtung von *Face/Off*, *Memento* und *Fight Club*
ISBN 978-3-89821-866-5

4 *Florian Scheibe*
Die Filme von Jean Vigo
Sphären des Spiels und des Spielerischen
ISBN 978-3-89821-916-7

5 *Anna Praßler*
Narration im neueren Hollywoodfilm
Die Entwürfe des Körperlichen, Räumlichen und Zeitlichen in *Magnolia*, *21 Grams* und *Solaris*
ISBN 978-3-89821-943-3

6 *Evelyn Echle*
Danse Macabre im Kino
Die Figur des personifizierten Todes als filmische Allegorie
ISBN 978-3-89821-939-6

7 *Miriam Grossmann*
Soziale Figurationen und Selbstentwürfe
Schauspieler und Figureninszenierung in Eric Rohmers *Pauline am Strand*, *Vollmondnächte* und *Das grüne Leuchten*
ISBN 978-3-89821-944-0

8 *Peter Klimczak*
40 Jahre ‚Planet der Affen'
Zeitgeist- und Reihenkompatibilität – über Erfolg und Misserfolg von Adaptionen
ISBN 978-3-89821-977-8

9 *Ingo Lehmann*
Ziellose Bewegungen und mediale Selbstauflösung
Das absurde «Genrefilm-Theater» Monte Hellmans
ISBN 978-3-89821-917-4

10 *Gerd Naumann*
Der Filmkomponist Peter Thomas
Von Edgar Wallace und Jerry Cotton zur Raumpatrouille Orion
ISBN 978-3-8382-0003-3

11 *Anja-Magali Bitter*
Die Inszenierung des Realen
Entwicklung und Perzeption des neueren französischen Dokumentarfilms
ISBN 978-3-8382-0066-8

12 *Martin Hennig*
Warum die Welt Superman nicht braucht
Die Konzeption des Superhelden und ihre Funktion für den Gesellschaftsentwurf in US-amerikanischen Filmproduktionen
ISBN 978-3-8382-0046-0

13 *Esther Lulaj*
Nimm (nicht) ab!
Zur Funktion des Telefons im Spielfilm – Von Metropolis bis Matrix
ISBN 978-3-8382-0125-2

14 *Boris Rozanski*
Das ungleiche Liebespaar in der 'Screwball Comedy'
Paarbildung und Selbstfindung von Frank Capras *It Happened One Night*
bis zu Jonathan Demmes *Something Wild*
ISBN 978-3-8382-0145-0

15 *Carolin Lano*
Die Inszenierung des Verdachts
Überlegungen zu den Funktionen von TV-mockumentaries
ISBN 978-3-8382-0214-3

16 *Christine Piepiorka*
LOST in Narration
Narrativ komplexe Serienformate in einem transmedialen Umfeld
ISBN 978-3-8382-0181-8

17 *Daniela Olek*
LOST und die Zukunft des Fernsehens
Die Veränderung des seriellen Erzählens im Zeitalter von *Media Convergence*
ISBN 978-3-8382-0174-0

18 *Eleonóra Szemerey*
Die Botschaft der grauen Wand
Über die Vermittlung von Hoffnung und Hoffnungslosigkeit in Aki Kaurismäkis Verlierer-Filmen
ISBN 978-3-8382-0222-8

19 *Florian Plumeyer*
Sadismus und Ästhetisierung
Folter als kultureller und filmischer Exzess im Gegenwartskino
ISBN 978-3-8382-0188-7

20 *Jonas Wegerer*
Der nahe Fremde: Der amerikanische Western in den Kinos der Bundesrepublik Deutschland (1948-1960)
Eine rezeptionshistorische Analyse
ISBN 978-3-8382-0307-2

21 *Peter Podrez*
Der Sinn im Untergang
Filmische Apokalypsen als Krisentexte im atomaren und ökologischen Diskurs
ISBN 978-3-8382-0254-9

22 *Yvonne Augustin*
Episodisches Erzählen im Film
Alejandro González Iñárritus Filmtrilogie AMORES PERROS, 21 GRAMS und BABEL
ISBN 978-3-8382-0335-5

23 *Julia Steimle*
Fiktive Realität – reale Fiktion
Realitätsebenen und ihre Integration im Hollywood-Backstage-Musical, untersucht anhand von THE BROADWAY MELODY, GOLD DIGGERS OF 1933, THE BAND WAGON, ALL THAT JAZZ und MOULIN ROUGE!
ISBN 978-3-8382-0319-5

24 *Jana Heberlein*
Die *Neue Berliner Schule*
Zwischen Verflachung und Tiefe: Ein ästhetisches Spannungsfeld in den Filmen von Angela Schanelec
ISBN 978-3-8382-0407-9

25 *Karoline Stiefel*
Geistesblitze und Genialität – Bilder aus dem Gehirn des Detektivs
Die Visualisierung von Imagination in den TV-Serien SHERLOCK und HOUSE, M.D.
ISBN 978-3-8382-0522-9

26 *Stephanie Boniberger*
Musical in Serie
Von Buffy bis Grey's Anatomy: Über das reflexive Potential der special episodes amerikanischer TV-Serien
ISBN 978-3-8382-0492-5

27 *Phillip Dreher*
Morin und der Film als Spiegel
Eine theoriegeschichtliche Verortung der Filmtheorie von Edgar Morin
ISBN 978-3-8382-0486-4

# Sie haben die Wahl:

Bestellen Sie die Schriftenreihe
*Film- und Medienwissenschaft*
**einzeln** oder im **Abonnement**

per E-Mail: vertrieb@ibidem-verlag.de | per Fax (0511/262 2201)
als Brief (*ibidem*-Verlag | Leuschnerstr. 40 | 30457 Hannover)

**Bestellformular**

❐ Ich abonniere die Schriftenreihe *Film- und Medienwissenschaft* ab Band # ____

❐ Ich bestelle die folgenden Bände der Schriftenreihe *Film- und Medienwissenschaft*
# ____; ____; ____; ____; ____; ____; ____; ____; ____; ____

**Lieferanschrift:**

Vorname, Name ..........................................................................

Anschrift ..........................................................................

E-Mail.......................................... | Tel.: ..........................................

Datum .......................................... | Unterschrift ..........................................

**Ihre Abonnement-Vorteile im Überblick:**

- Sie erhalten jedes Buch der Schriftenreihe pünktlich zum Erscheinungstermin – immer aktuell, ohne weitere Bestellung durch Sie.
- Das Abonnement ist jederzeit kündbar.
- Die Lieferung ist innerhalb Deutschlands versandkostenfrei.
- Bei Nichtgefallen können Sie jedes Buch innerhalb von 14 Tagen an uns zurücksenden.

*ibidem*-Verlag
Melchiorstr. 15
D-70439 Stuttgart
info@ibidem-verlag.de

www.ibidem-verlag.de
www.ibidem.eu
www.edition-noema.de
www.autorenbetreuung.de